동서문학상 수상자모임 동서문학회

동서
문학

11

새들도 누군가의 담을 넘는다 | 강미애 外

봉트

동서 문학

11

새들도 누군가의 담을 넘는다 | 강미애 外

문학은 사랑을 기다리는 마음

동서문학회 제10대 회장 강미애

문학은 자신의 경험이 많은 영향을 미칩니다. 특히 순경의 체험보다 역경의 체험이 인생의 깊이와 무게를 더해 줍니다. 우리에게 깨달음이 올 때는 역경일 때입니다. 상실이나 질병 혹은 좌절이 우리를 자만이라는 것에서 해방시켜 겸손을 가져다주기 때문입니다. 이때 비로소 우리는 타인을 이해하고 사물을 사랑할 수 있는 마음이 생깁니다.

사랑은 깨달음입니다. 사랑은 눈이 떠지는 일입니다. 세상이 밝아 보이고 무심했던 사물이 투명해지고 길에 널린 보잘 것 없는 돌멩이가 빛나 보이고 꽃과 풀이 눈물겹게 우리의 마음에 들어옵니다. 그래서 사랑은 타인과 나, 사물과 내가 하나가 되는 순간이고, 하나라는 깨달음을 얻는 순간입니다. 이때 우리는 글을 씁니다. 그러기에 문학을 하는 우리는 삶을 간절한 마음으로, 진실한 마음으로 큰 손님을 기다리는 조심스러운 마음으로 살 수밖에 없습니다.

우리들의 열한 번째 동인지가 세상으로 나아갑니다. 아내로 엄마로 그리고 한 여자로 살아온 진실한 모습과 삶에 대한 뜨거운 열정을 담아 정성껏 엮었습니다. 문학을 즐길 뿐 아니라 창작을 생의 동반자로 삼은 우리는 그래서 행복한 사람들입니다.

끝으로 늘 변함없이 한결같은 마음으로 우리 동서문학회를 후원해 주시는 동서식품과 관계자 여러분들에게 감사의 마음을 전합니다.

동서문학회 회원 여러분 수고 많이 하셨습니다.

2015년 5월 봄 끝자락에

축하합니다

동서식품㈜ 대표이사 사장 이광복

동서문학 동인지 11집 발간을 진심으로 축하드립니다.

동서문학회 여러분의 문학에 대한 열정과 사랑에 박수를 보냅니다.

동서문학회와 동서식품은 '삶의향기 동서문학상'으로 값진 인연을 맺었습니다. 동서식품은 여성 문인들의 꿈을 응원하고 한국 여성문학 발전에 기여할 수 있도록 최선을 다할 것입니다.

파브르(Jean Henri Fabre)는 '누구에게나 정신에 하나의 획을 그어주는 책이 있다'고 말했습니다. 앞으로 회원 여러분들이 문학을 통해 더 많은 독자들과 교감할 수 있기를 바랍니다.

다시 한 번 동서문학 11집 발간을 축하드리며,

동서문학회 여러분 앞에 펼쳐진 문학의 길에 행복이 가득하기를 기원합니다.

감사합니다.

동서식품㈜ 대표이사 사장 이광복

동서문학 11 — 새들도 누군가의 담을 넘는다

차례

수필

아동문학

– 동시

소설

편집후기

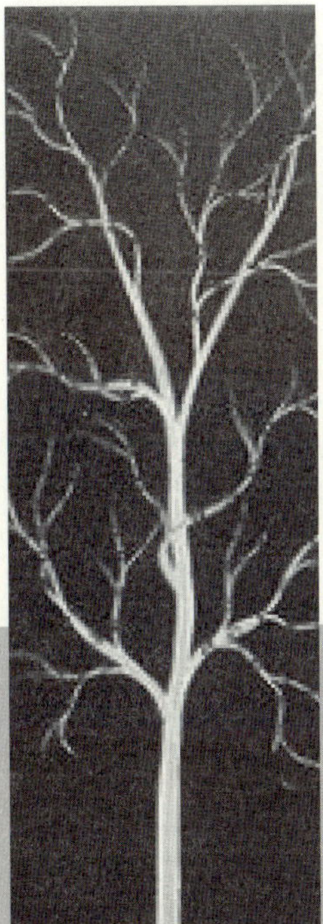

시

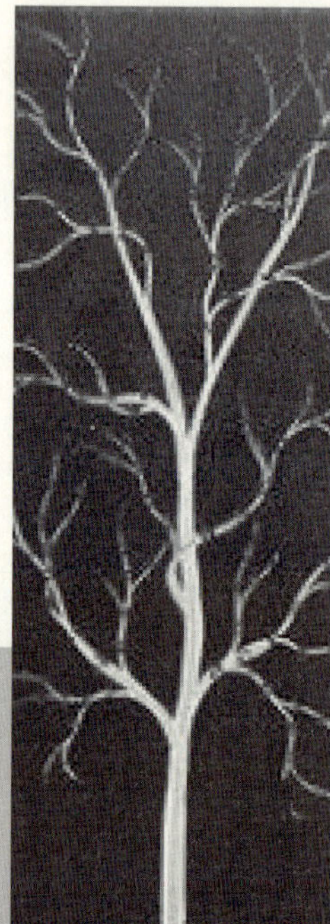

사과

명호숙 my0817@hanmail.net

얼음판 뒹구는 사과 다섯 개
감도 귤도 아닌 사과라서
정말 미안해로 읽히는 붉은 글자들 위로
굵은 눈발 내린다
마음문 닫고 돌아 선 그 사람 등짝 같은
눈밭 호수 위
새와 개 발자국
누가 던져 본 나무토막, 돌덩이들
네게 받아들여지지 않는 사과를 한 후
돌아와 책상 앞에서 눌러쓰는
그날의 기록 같은 누추한 흔적들
하얗게 시간이 멀어져간다
다행이다
모두 덮어 둘 수 있어서

그 집

지하철역 근처
마을버스 정류장 앞
자주 드나들던 J 마트
낡은 건물이 헐려있다, 거기

늦은 밤 졸린 문 열고 맞아주던
배불뚝이 남자의 너털웃음과
아르바이트 학생의 해맑은 인사

정겨운 것들은 다 어디로 가는가

공릉동 풍림아파트 장미울타리 따라 우리 집에 도착할 때까지, 압구정부대찌개, 평화부동산, 향토곱창, 신호등 건너 동해횟집, 공덕골 식당 같은 근방에 기억나는 집들을 모두 불러주다 보면

한 장 추억으로 인화된
그 사람 같은 집

그리운 것들은 다 어디로 가는가

등대

박주영 usbjy@hanmail.net

폭풍우 속 직립하는 일은
뼈를 깎는 고통
바로 서지 못하면
누구의 손도 잡아주지 못한다
거센 파도가 덮쳐 와도
흔들리지 않고
평생 중심 잡고 서 있는 모습
아픔이 따르는 줄 몰랐다
자식들 하나 둘 떠나고
붙박이로 꿈쩍 않고
한줄기 빛으로 서서
손 내밀 때마다 잡아주는 어머니
부서지고 깨어져
깊은 곳 상처투성이라는 것
그 길 가기 전에는 알 수 없었다
존재만으로도
힘이 되는 푯대
어두운 세상
홀로 서 있다

황룡사지의 봄

천 년을 견디고 있는 당간지주
간절함이 펄럭인다
일념一念의 구층 목탑
금세 가 닿을 수는 없지만
온몸으로 따라 나선다
장엄한 역사도 사랑에서부터
시작되었으리라
소원疏遠했던 노모의 손을 붙들고
눈과 귀를 열어
자장과 거장巨匠 솔거의 노송도를 만나면
가슴에 차오르는 물결
팽팽한 긴장 속에 잡고 있던 손끝
차가운 바람이 빠져나가고
따뜻한 체온으로 채워진다
두 가슴 하나가 되면
무슨 꽃이 필까
불타 버린 황량한 빈 터
붉은광대나물 수줍게 고개 내밀고
노란 유채꽃 눈이 부시다

정받이하다

윤은진 jiguinn@hanmail.net

붉은 꽃 깊숙이
엉덩이를 들었다 놨다 좌로 우로
노란 오르가즘을 느끼고 있다
뜨거운 사랑 나누는데
나의 눈길이 따가웠나

한 번 째려보고
날아가 버리는
벌 한 마리

삐삐주전자

너의 우주엔 블랙홀이 단 하나
삐죽 나온 주둥이로
거칠게 빨려 들어간 캄캄한 무중력
들고 나는 곳이 뭉퉁구리 한 곳뿐
멀쩡한 듯 모자란 노랑주전자
때때로 뜨거워지는 몸뚱이
탄력 좋은 주둥이 뚜껑 작은 구멍으로
하루에도 서너 번씩 거친 숨 몰아쉬며 비명을 질러댄다
놀라 바라보는 눈길에
너는 들고 날 때 느낌이 같았느냐며

그래도
구멍은 하나면 족 하단다

봄을 낳다

김효정 qnskqnsk@hanmail.net

나무마다 초록을 품었다
키 큰 나무는 나무대로
그 그림자에 밟힌 연약한 풀잎은 풀잎대로
제각기 초록을 배정 받았다

진통 시작되면
현기증 아른아른 피어올랐다
까무룩 혼절할 때마다
곁에 있던 바람이 흔들어 깨웠다
힘이 주어질 때면
햇살오라기 가닥가닥 움켜쥐고
힘껏 당기느라 흘린 진땀에
등골이 촉촉했다
터져 나오는 진통의 소리 깨물어
뿌리 깊숙이 삼키면
물길 타고 오르는 수액이
입 안 가득 번지는 목마름 적셨다

파릇파릇 수채화 물감 흩뿌려 놓은 듯
초록빛 울음소리로 가득 찬 산실은
저마다의 초록을 낳느라 소란스러웠다

그 미묘한 배열 차이로 태어난
서로 다른 초록들

분꽃

밤사이 무슨 일 있었나
기다란 목 한껏 늘어뜨리고
입술 꼭꼭 오므린 채 눈도 뜨지 못하네
빛 부신 햇살이 아침을 흔들어도
오래도록 깊은 잠에 빠져있네

해거름이면 스르르 잠에서 깨어나
늦을세라 화사한 분단장하네
늘어진 목 꼿꼿이 세우고
저리도 생생한 얼굴로
퇴근 길목 지키며 누구를 기다리나

거뭇거뭇 사방이 어두워지고
창백한 달빛이 더욱 파리해져도
오지 않는 누군가를 한없이 기다리네
밤이슬에 온몸 젖어도
요염함은 오히려 얼굴 가득 피어올라
한밤 내내 흐벅진 웃음 짓고 있네

그래, 피곤도 하겠구나
한밤을 그렇게 꼬박 지새웠으니
지나가던 바람이 흔들어 깨워도

말없이 고개 떨구고 있는 사이
기다림의 흔적 깊숙이 묻어
까만 알 하나 모질게 품었구나

봄

신동순 yeam17@hanafos.com

심술궂은 바람에도
부신
꽃들의 물결

굴하지 않는
아름답고 황홀한
저항

아,
자유

freebird

새가 날아가 버린
빈 가지가
외롭다

날아가는 새여
날아간 새여

뒤돌아보지 말고
앞을 향해 날아라
앞만 보고 날아라

햇살에 눈 멀지 말고
비에 젖지 말고
바람에 흔들리지 말고

날아가는 새여
날아간 새여

너의 둥지는 하늘이란다
너의 둥지는 자유란다

갇힌 말

이진 1-s-jo612@hanmil.net

견고한 이빨들이 성문을 지키고 있다
캄캄한 동굴을 헤매는 말들
천장으로 날아오르다가 추락한다
혓바닥 위에 무수한 바늘이 돋고
실어증을 앓는 꽃
비밀의 꽃들이 금고 속에 피어 있다

빗장으로 도배된 벽 앞에 서면
혀가 타들어간다
소리무덤엔 냄새나는 거미줄만 가득해
날뛰는 말의 고삐를 잡고 신음할 때
임금님 귀는 당나귀 귀
쩍쩍 벽에 금 가는 소리 들린다

나무의 유전자를 가진 벽지 위로
천 개의 푸른 귀들이 쫑긋거리고 있다
틈새를 가진 비밀은 더 이상 꽃이 아니다
소리하마가 집어삼켰던 소리들을 모조리 토해내고
메아리가 벽에서 벽으로 날아다닌다

갈기 휘날리며 유목으로 떠도는 말
거품 가득한 말들이

수시로 사막을 들락거린다
천의 얼굴을 가진 말이여
언젠가는 그 변검술에 걸려들 것이다

살아야 하므로
가끔씩 수많은 말들 위에 안장처럼 침묵이 얹힌다

가면 무도회

딱지만 한 가면으로 세상을 다 가릴거야
손바닥 위에 지구를 올려놓을 거야
아니, 끝내기 홈런 한 방으로 너를 날려버릴 거야
가면들이 가면 뒤에서 웃고 있어
서로를 염탐하고 있어
하얀 드레스를 입고 레드 카펫 위를 서성거리는
내 와인 잔에 네 피가 찰랑거려
가면의 위대한 힘을 한번 느껴봐
역전의 열망으로 플로어를 돌고 있어
스포트라이트 속 화려한 춤, 그 빛을 타고 올라
꿈도 날개를 퍼덕이고 있어
팡! 팡! 팡! 플래시가 터지고
현란한 소용돌이 속에 다크호스가 떠오르고 있어
누군가 속삭였어
그렇게 어수룩한 세상일까?
변장술이 제법이군? 거울 속의 내가 빈정댔어
이젠 멈출 수가 없어!
도망칠수록 집요한 그림자가 나를 추적해 와
휙 검은 커튼이 덮치고 있어

한여름 밤의 연가

한명숙 muskoog@hanmail.net

모깃불 피워놓고 멍석에 누워 있으면
욕쟁이 할머니 걸쭉한 입담
'복숭아는 달밤에 먹어야 제 맛이여
불 끄고 먹어야 미인이 되는 겨'

때 맞춰 과수원 아저씨는
양동이 가득 복숭아를 가져오셨지

복숭아만 보면 졸다가도 벌떡 일어나
'과수원집으로 시집 보내준다' 는 놀림에도
박꽃처럼 하얗게 웃기만 하던 소녀
복숭아 먹다가 앞니가 빠져도
상관없다는 듯이 꿈속 공주가 되는 꿈만
마냥 즐거웠지

이제는 달빛 아닌 한낮
벌레 없는 복숭아 마음껏 먹을 수 있건만
복숭아 벌레가 그리워지는 것은 무엇일까
욕쟁이 할머니 보고 싶고
양동이 가득 복숭아 가져오시던
그 아저씨 보고 싶은 것은 무엇일까

등대

망망대해에 혼자 떠 있듯
갈피를 잡을 수 없을 때
손을 내어 준 당신
한줄기 빛이 되어 든든하게 지켜준 십여 년,

어버이처럼 따뜻한 품을 내어주고
친구처럼 아픈 수다도 들어주고
언제나 큰 산이 되어
살뜰하게 챙겨주며 마음 한 자락 나눠준

흉내 낼 수 없는 사랑을
무조건 퍼주던
마음속의 등대

길목에서

마윤일 mayunil@hanmail.net

가을에 안개비 뿌리던 날
어머니 꽃상여 부여잡고 이별을 했습니다
이십여 년 전 그때는
어머니의 빈자리가 두려운 여자 였습니다

불혹의 나이를 넘긴 나이에
또 다른 이별을 합니다
훌쩍 커버린 스무 살의 아들을
기숙사에 홀로 남겨두고 돌아서니
켜켜이 쌓여있던
빈자리 두려움이 가슴을 조입니다

철없을 때의 그 여자처럼
또 울고 싶어집니다

웃는 법

호탕하게 웃는 법을 잊었다
어느 골짜기에서 피고 지는 들꽃처럼
내 몸은 그렇게 야위어 갔다

사랑도 그리움도
늦은 가을 풍경처럼
빛이 바래고
간간히 스치던 바람소리마저
침묵하고 있다

그렇게 지쳐가고 있을 때
'겨울은 눈 내리는 밤으로 깊어지고 생生은 눈물의
힘으로 깊어진다.'
어느 작가의 글과 만나는 순간
늦가을 촌부의 아낙처럼
마음이 바빠진다

어느새 하얀 이를 드러내며
호탕하게 웃는다 나는,
꿈을 위한 빗장 하나만 풀었을 뿐인데

그리움

이월순 sw2524@hanmail.net

아침 이슬 머리에 이고
쉬어가려 한낮을 기다렸더니
벌써 황혼 석양에 지는구나

오는가 했더니 벌써 가버린 봄
사계절, 우주의 질서 따라
가고 오고 또 그렇게 돌고 도는데
한 번 가버린 내 추억
내 안에 둥지 틀고
떠날 줄 모르네

아내

잔잔한 저 푸른 바다
은빛파도로 갈매기 달래주고
요동치는 내 마음 잠재우더니

검푸른 저 밤바다
성난 파도로 갈매기 몰아내고
굽이치는 치마폭 휘감으며
나를 향해 무섭게 달려온다

시의 비碑

정숙 ultary5@hanmail.net

스프링 달린 습작노트 한 권
귀퉁이는 늘 황무지 계곡이다

철조망처럼 버티고 있는
굵은 스프링에 걸려 자꾸만
경사각 아래로 미끄러지는 음절들

절기의 갈피마다
계곡으로 몰아치는 황망한 바람
뚝뚝, 늑골 분지르는 소리
내 불구의 언어들을 생매장하고
한 편의 애송시로 비를 세운다

숨가쁜 행간의 경계를 가로질러
한 줌 햇살을 머금은
비문의 시어들 가슴 콕콕 찌른다.

스퐁나무 *

옛 크메르왕국의 태평성대가
타프롬사원의 검은 돌이끼에서 깨어나
오랜 침묵을 흔드는 정글의 나라

멈출 수 없었던 천년의 고독이
흉물스런 짐승의 발톱으로
숭숭 새어드는 시간의 벽을 뚫고
넘치게 자라 더욱 슬픈 나무

거대한 사원의 석축을 허물고
담장을 기는 고행의 뿌리가
자야바르만 7세의 사모곡으로 다시 태어나
돌 틈을 파고들어
천년의 세월을 버티었나 보다

길은 사방으로 뚫려있으나
시작과 끝은 어디에도 없는
미로의 한 가운데 놓인 통곡의 방에서
가슴을 통통 치니 메아리로 돌아온다.

*타프론사원에 있는 거대한 나무

光. 化. 門.

김윤옥 january125@hanmail.net

네거리 경적 한 번 울리지 않고
물밀 듯 흘러가는 차량들
신호등 바뀔 때마다 잘 훈련받은 무리들
일사불란하고

아무 일도 없었던 것처럼
하던 일, 가슴에 큰못 박는 일
그대로 두고

'먼데서 바람 불어와 풍경소리 들리면
보고 싶은 내 마음이 찾아간 줄 알아라'
광화문 글판 여전하고

언제든 찾아오라 안아주며 당부하던
그 길, 겹겹 장벽 높은데

가슴속에 품었던 약속들 지울 순 없어
주저주저 위로의 말 한마디 건네려
다가서는 사람들, 등 뒤로 바짝 따라붙는 경찰들
진한 땀 냄새는 같은데

이제는 잊어도 된다고 목청 높이는 사람들
한 번도 위로해준 적 없으면서
가슴 뭉클한 슬픔

시인의 작은 꿈

"해줄 것이 아직 많은데, 해주고 싶은 것이 너무 많은데, 한시라도 빨리 찾아야 하는데, 빨리 장례를 치러줘야 하는데, 막상 소식이 들리면 우리 애가 아니었으면 그런 맘이 자꾸 들어요"
아버지, 날카로운 가시 두 손으로 꼭 잡고 간신히 서 계신다
아파서 꺽꺽 울음 삼키지만 그것 말고는 아무 것도 잡을 것이 없다

오늘 또 하루 눈물 훔치는 아버지를 온 국민이 바라만 보는 잔인한 시간에
땀 흥건히 밴 시 쓰는 선배 시인들과 함께 하고 싶은 간절한 마음이
왜 그렇게 다친 뭇 영혼의 아픔을 함께 했는지, 지지치 않고 손 내미는지, 깨우쳐가기 때문입니다

시인은 써야 할 시를 찾아 밤새우는 펜 한 자루가 기댈 기둥이란 사실에 위로 받습니다

*2014년 4월 16일 진도앞 바다에 침몰한 선박 사고로 수학여행 길의 청소년과 승객 300여명이 사망했다…

스탠드

정영미 jymsong@hanmail.net

너를 감지하는 센서가
내 안에 있어
손 끝 살짝 닿았는데
화르르 몸 열린다
꽃대를 밀어 올리는
달의 껍질 속 초경처럼
한 겹 한 겹 부푼 알 슬어놓는다
움푹 패인 볼우물에
진액 쏟는 밤이면
눈물처럼 톡 터지는 이름,
너는 지상의 별
꽃물에 번지는 흡입력으로
네게로 온통 쏠리는 날이면
나를 끄고 켜는 일 벼랑 같아라
귓바퀴 속에서 자전하는 별꽃은
구석구석 들어앉은 통증,
너의 손끝 살짝만 닿았는데도
오래된 센서에서 깊은
물소리 들린다.

말의 활촉

다시 튕겨져 나올 줄 알면서
그 단단한 내력을 알면서
화살을 쏘았다

그것이
내 심장에 꽂히는 것인지도
스스로 과녁이 되는 것인지도…

빠꼼히
내 안을 밀탐하는 세상과
잠깐의 목례를 하고
구멍 뚫린 과녁 너머
하얗게 질린 하루로 문을 연다
그래도,
나의 기도는
공작 선인장 같은
깃털을 달고 걸어가는 것

환환 날개 짓 너머
뽑으면 또 꽂히고 또 꽂히는
푸른 언어의 촉들이
피의 행간을 넘고 있다.

새들도 누군가의 담을 넘는다

정민아 breadmina@hanmail.net

내 마음속 담장 안
발자국이 갇혀 있다
돌려보내지 못한 기억들을 어르는 밤은 깊고
달빛 아래 새들이 폭폭, 발자국 찍기를 한다
연하고 보드라운 땅에 생흔을 남기는 작업

누구였을까,
작고 서러운 발을 가진 그이는?

가슴속에서
화석이 되기도 전에
바람이 지워버린 이름

어쩌다 찍혀버린 흔적이
오도가도 못하고
가슴 안에 고여 있다

수천 년이 지나서야 새겨질
그 발자국 하나 남기려고
새들도 이 밤에 누군가의 담을 넘는다

작은 해커들을 만나다

곧 만나자던 약속 5년이나 지났다고
눈 흘기는 사람들아
병실 링거줄 빼내고 무작정 그대들 앞에 달려온 나는
그저 쓸데없는 농담이 하고 싶어서였다
죽을 것 같다는 탄식도 유행가처럼 읊조리고
낄낄대고 그대들과 하염없이 마주앉아
스무 살처럼 해살거리며
도무지 말 같지 않은 소리에 박장대소하고 싶어서였다
깊은 밤이 초조해진 우리의 어깨는
젊어진 세월만큼 기우뚱한데
뿌리 염색을 한다는 친구 녀석 머리 밑으로
슬그머니 기어 나오는 발칙한 현실의 가닥가닥
술잔으로 튕기며 밀어내봐도
시간은 질척이며 다가온다
웃음소리
막차처럼 끊기는

2월
관저동에서.

커피 연가

조선윤 seonyun7@hanmail.net

눈부신 햇살에 취해
커피로 여는 아침
이 순간은 꽃의 화신인 양
피어오르는 커피 향 속에
또 다른 의미와 느낌으로
미래를 등에 업은 시간 사이
자유와 동행하는 따스한 입김
대지로 내딛는 향기 위로
고매한 진실의 노래가 흐르는데
충만한 삶을 위한 기도가
한 모금의 향기 속에 빠져들어
여유도 맛보고
허접한 일상 속에 위안이 되는
애환의 길동무
커피 잔에 투영되는 삶의 조각들
삐거덕거리는 일상에
고단한 하루가 있을지라도
이 시간은 행복하다

우리는 하나

분단의 아픔 안고
성취의 역사를 만들기 위해
굴곡을 헤쳐 껍질을 깨고 비상
끈질긴 민족 질곡을 넘어
목마름의 풍요의 문턱을 넘었다

독일에서, 월남에서, 열사의 중동에서
지구촌 협력의 벽돌을 쌓아
세계 속에 폐허 딛고 일어선 신화
피땀 흘려 이룬 한강의 기적
앞으로 만들어 갈 새로운 역사
미래를 향해 달려가고 있다

세계 유일의 슬픈 현실 속에서도
평화적 확고한 원칙 아래
민족정기와 의식을 선양하고
긴 밤 고뇌로 얻은 쾌거
드높아진 한국의 위상
누가 뭐라 해도
백두에서 한라까지 우리는 하나다

역사의 물줄기 바꾼 열정

척박한 토양에서 일궈낸 한국
쉼 없는 정보통신 혁명
글로벌 코리안 세계를 품어
웅비하는 기상
우리 희망의 찬가 부르자

평화통일 그날까지
어떠한 위협에도 굴하지 않는
민족정기 다시 세우는 숭고한 정신
동족상잔의 아픈 역사에도
한결같이 평화의 깃대 높이 세우는
우리는 하나 영원하리라

고향 생각

조수선 suny4616@hanmail.net

호수처럼 잔잔한 바다
낮은 바위틈으로
한가로이 노니는 게고둥이
잡힐 듯 잡힐 듯 아른거리고

키다리 미루나무
푸른 옷자락 속으로
참새 떼 날아든다.

먼지 풀풀거리는 흙길
새침하게 걷던 단발머리
시집은 갔을까
여전히 예쁠까

세월 넘어가면 갈수록
더욱 애틋해지는 그리움
보고 싶다 그 친구
가고 싶다 내 고향

수세미

불볕 더위 땡볕 아래
비지땀 뻘뻘흘리며
하늘 향해 거침없이
쑥쑥 뻗어가는 넝쿨
고개 빳빳이 치켜들고
위로 위로 전진한다
여린 손에 물집 나고
다리 힘 풀려도 쉼 없다
송골송골 맺힌
땀방울 너머
주렁주렁 매달린
가을날의 너를 본다

비상非常

채미자 elkfarm2002@hanmail.net

움츠러든 몸
염불소리 따라
동리산 태안사 오르는 길
흔들고 민다
아랫배가 묵직하다
꼭꼭 잡아당겨도 열릴 것만 같다
진땀난다

해우소다

집어삼킬 것처럼 크고 깊은 입
솟구치는 쾌쾌한 바람
얼굴피부가 파도처럼 밀리고
머리카락이
하늘로 날아오른다
문고리 놓자
걱정덩이
팡!
쏴…
휴~

참아 낸 모서리에 핀 꽃
노랑나비 같은 염불소리
꽃잎에 앉는다

시낭송회 캠프파이어

마른나무토막이
타다닥 탁
까만 그늘이 탄다
모닥불에 둘러 앉아
환하게 피어나는 얼굴
활활
시詩꽃이 피어난다.

숲을 지나다

홍숙영 oh50012@naver.com

나무들의 잔기침 소리에
꽉 묶인 넥타이를 풀어놓는다
아침마다 배달되던 일상이
소리 없이 끊어져 버린 날
길을 찾지 못하던 두 발
나무 사이 서걱서걱 떠다니다
나이테 선명한 나무 밑둥에 정지된 듯 눌러 앉는다
살이라도 닿은 걸까,
나무가 질러대는 앓는 소리
뿌리부터 전해지는 통증, 입 벌리면 튀어나올까
긴 호흡으로 용접한다

나의 숲은 잘려나간 동그라미로부터 시작되는가
나무 향기 남아 있는 길 위로 크래커 부스러기가 움직인다
어디로 가는지 멈추지 않는 개미들
눈물 한 방울 다녀가는 이유를
이 낯선 길에서 보고 가는가

어둠이 붐비기 시작한다
숲이 잿빛으로 변하기 전에
지나가야겠다
숲은 있지만 또 없기도 해서

부재

휴대폰을 두고 나오면 나는 없다
팬 까페 보컬의 따끈한 앨범에 열광할 수도
아보카토새우 샐러드도 찍어 보낼 수 없다
나는 여전히 너를 만나 쇼핑을 하고
아메리카노를 마시고
유리창에 기대어 자라고 있지만
인증 없어진 삶은 기억도 가물다
빨리 그 속에 들어가 외쳐대거나
시간차 공격 당하고 있는 댓글에
댓글로 방어하지 않으면
나는 또 없다

순간순간 너의 벨은 보란 듯이 울려
눈 앞의 나보다 안보이는 누군가로 인해
말이 멈추어지고 생각이 나뉘어지고
휴대폰과 내통하는 시간이 길어질수록
나는 양의 가죽을 벗어던지는 상상을 한다
수시로 기도하듯 고개 숙이고 체크할 *양팸들이
빙글빙글 부르며 돌아다닐 때
혹은 부르르 떨며 도달한 말들에게
부드러운 텃치로 진정시키는
너의 시간이 쌓여갈수록

오직 저편에서 부를때 진실이 되어주는 너에게
나는 없다

*양팸: 가짜 가족, 가상의 가족

메일함을 보는 방법

이타린 flute5331@hanmail.net

벽돌을 쌓는 사람들이 있다 그들은
내가 한눈을 팔 때마다 역동적이며
각별히 층을 이룬다
고여 있는 것들은 세상의 오류들과
함께 평행 이동하므로 가끔
야생동물의 울음으로도 절룩인다
수혈이 필요한 가로등의 혈관을 타고
두근거림으로 내려앉는 잔영들
등뼈가 없는 것들의 착지법은
무게감 없이도 완벽하다
그들이 길을 잃고 돌아온 길 끝에서
간신히 은둔하는 그림자 몇몇은
길을 좁히다가, 지우다가
잠시 동안 빌려 쓰던 길의 끝을 찾아
정확히 메일함 속으로 들어온다
아직 온기가 남은 서랍 속에서
나즈막히 익어도 간다
칭칭 안으로 동여 맨 것들의 해빙은
선홍색 각혈로 침몰할 수도 있으므로
위태로운 것들에 대해 공손해질 수도 있다
가끔은 무지한 행과 열의 덧없음으로 하여
더딘 담쟁이처럼 벽에서 쌓여가고

뜬금없는 뒷소문으로 철저히 혼자
녹아내리기도 하지만 소음처럼 읽히는
메일함의 포용력은 가히 무차별적이다
녹슨 약속이 비처럼 내리는 강력한 오후
언젠가 해체된 기억들의 반란이
소문도 없이 쌓이는 이 사각 틀에서
함부로 어지럽다고 말하지 말자
망막 밖으로 추락하는 허기에 대해서도

-2014 제16회 한양대 시, 문학축제 장원작
-대학·일반부: 이수명<벽돌 쌓는 사람들>의'벽돌을 쌓는 사람들이 있다' 를 시작으로 이어씀.

구엄 도대불*

포구의 밤길이 나로 하여
열리던 때가 있었지
오래 서 있어 등줄기가 당기는 동안은
새의 날개가 돋는 듯도 했었어
밤사이 시나브로 물너울에 기대어
애월 앞바다를 지키는 동안
물밑에선 거대한 오페라의 그림자처럼
바리톤과 베이스음이 들려오곤 했었지
빛 한줄기 입술을 내어 파도를 따르면
긴 밤 내내 기울던 빛이 느리게 식어가고
최초의 빛은 여전히 나의 뿌리에서
촘촘히 울고 있었으므로 비로소
물의 길을 찾아낼 수 있었어
새별 오름의 공양을 바라보는 날은
복사뼈까지 차오르는 물의 부레 안쪽을
잘 절여진 거품으로 덧대며
구엄리 포구의 소금빌레가 조명등 안으로
갇히는 시간을 기다리기도 했었지
간절한 이의 기도 같은 수평선이
고이 접힌 태양을 한 뼘씩 밀어 올리면
바다와 하늘이 둘이 아니란 걸 이젠 알아
멀리 데칼코마니처럼 어선 한 척이

갯바위의 후렴처럼 일렁이는 새벽
가슴의 행간마다 아스라이
길을 내는 물길을 따라 무장 해제된 나는
이제부터 마법에 잠기는 시간이야

*도대불: 전기로 켜는 등대가 들어오기 전에 포구를 밝혀 주었던 등대의 원형

-2014 제2회 등대문학상 가작

경계의 조건

최미향 sprit-104@hanmail.net

지하철을 탄다
내면의 이면이 닫히 듯 문이 닫힌다
창밖엔
나를 바라보는 또 하나의 나
흔들리고 겹치며 빠르게 나열된다
문이 열릴 때마다 불특정 다수의 사람들이 더해지고 빠지고

수집과 선택을 하며 문은 계속해서 열리고 닫히고

우린 시간 안에 갇혀 경계의 선을 긋는다
조용히 주위를 스캔하고 때론 무례한 불청객에게 나를 재발견하기도 한다 새롭게 명시된 노선표를 본다 보다 견고해지고 지능적인 네트워크를 따라간다

예외의 순간

가려던 목적지를 바꾸고 지하철을 갈아타려 한다
영역이 바뀌는 선
소유에 집착하는 언어
험난한 시간의 골짜기를 따라 틈이 생긴다

방향을 잃은 사람들
모호한 익명의 언어들에게 포위당한다

다이너마이트

9구절절 사연 깊은 고물들 멱살이 잡혀 포클레인 손아귀에 놀아난다 고철이라니 8팔한 근육들 일제히 깃발 들고 일어나 달린다 구르고 뜯기거나 찢긴 허파에서 구멍 난 어제를 들여다 본다 한평생 용광로에 몸을 녹인 대가로 지뢰가 되었거나 지렁이가 되었거나 기억보다 먼 잉태의 순간 튕겨난다 몹쓸 부품들 7칠치 못한 발걸음 수레바퀴에 감긴다 아직도 아우성치며 6갑하는 신문들 처참히 밟힌다 구르고 뜯기거나 찢긴 입술에서 5물들이 쏟아진다 뒷골목 인생에 몸을 담근 댓가로 탱크가 되었거나 뱀이 되었거나 4람 구실 제대로 해보겠다던 주먹 절망의 칼날에 손목이 잘렸다 고물들이 몰려온다 행진을 한다 폐지들의 축제 3삼오오 모인 땅거미가 굶주린 독니를 펼치고 사냥 준비를 한다 2승에서 저승으로 가는 마지막 은신처 억울한 불발탄 화력을 모아 공룡처럼 서 있다 반전을 준비하는 폐기물들 땅속에 집을 지은 노인 허리가 휘도록 평생 묵은 한숨 사력을 다해 내뱉는다 장미넝쿨이 쏟아진다
불붙는다
1순간
·
·
·
꽝!

실연失戀

박인숙 amado2020@hanmail.net

동백이 졌다

초봄이 겨울 생인 너를 안고 비틀거리듯

나는 머뭇거리고
너는 이미 만개하였으므로

서툰 나의 품으로 뛰어든 너를, 그 붉은 입술의
언어를 감히 훔쳐 새길 수 없다

너의 빈자리, 마음을 지지고 간 자리

내 안 시린 눈밭에 화상자국으로 남아
봄이 다 질 때까지 욱신거린다

심학산 둘레길에서

길이 나를 부르는 날이 있어
흙길에 서면
오래 떠났다 돌아온 고향처럼
반갑지만 어색하기도 하여
걸어야 한다고 타이르듯 걷는 이 길

내 걸음에 실린 무게만큼
길은
제 몸에 자국을 새겨 준다
더디면 더딘 대로
비틀거리면 비틀거리는 대로

포장된 길을 선호하던 걸음이어서
멀리, 빨리 가려 하던 걸음이어서
걸음마다 너무 많은 열망을 실었었기에
삐걱거리는 무릎을 달래 가며
나의 보폭만큼 길을 간다

발밑에서 부서지는 흙
그 포근한 흙의 질감이
나의 근육으로 스며
나는 흙처럼 연한 사람이 되고

흙길가에 사는 생명들은 모두
군살 없는 몸매를 나에게 보여 주어
저들처럼 군살 없는 살이를 할 수는
없나 궁리하며 길을 간다

만추

한명희 myung4826@hanmail.net

등이 굽은 담장 위에 겉잎을 널며
이명처럼 주절댄다
호시절도 잠시라고
촌부의 한마디에 얌전히 묶여 있던 잎들
수런거림이 시작되고
혈기 왕성한 바람과 합세해서
담장 아래로 탈출을 시도한다
기껏 한 치를 벗어나지 못하는 오기
느긋한 촌부의 손에 이끌려
붉으락푸르락 누런 물을
뚝뚝 흘리고 있다
지나가던 아낙네들 주절댐에 바짝 다가서며
좁은 골목 숨겨둔 연애담이
질겅질겅 동네를 배회하는 동안
수런거림이 잦아지고
은빛으로 얌전히 누운 무청 시래기
꾸들꾸들 석양 아래
소신공양에 든다

능소화

일기장에 꽃씨 하나 떨어져
매일 행간을 들락거리며
슬며시 나타났다 사라지는 사람
페이지마다 싹을 틔우고 가지를 뻗어
지면에는 붉은 꽃이 피고 지고
손을 뻗으면 닿을 것 같은 그대는 너무 멀어
그리움조차 두려웠다

염천 허공을 휘감는 간절한 내 사랑은
그대 창가에서 홀로 타오르며
너무 멀리 와 버린 마음
돌아갈 길 아득해 침묵으로 지새우는 밤
눈빛이 그를 읽는 동안
발밑으로 툭 꽃이 지고
우두커니 우리를 남겨두고
밤은 혼자 지나갔다

수없이 켜놓은 꽃등도
끝내 너를 넘지 못해
흐트러진 능소화가 담장을 넘는 밤
선혈처럼 떨어진 마음 발아래 흥건하다

툇마루

홍성남 ring0327@hanmail.net

색 바랜 툇마루에 앉아
코스타리카에서 건너온 은은한 커피 향에 젖어
너의 옛살라비를 생각해 본다
마루의 내력을 촘촘히 읽어 보면
깊은 숲속 갈참나무 우듬지가
조각조각 틀니처럼 끼워져 있다
걸레질하며 한탄하는 할머니 득음 소리에
옹이처럼 박혀있던 고양이 한 마리 빠져 나간다
바람도 스쳐가며 먼 산 안부 전해주고
햇빛도 앉았다 간다
동무들이 모이면 공깃돌 놀이
따스한 햇살 아래 졸음도 뜨개질하고
떡비 내리는 날은
숨소리조차 죽이며 비의 발소리를 세던
냉갈내 맡으며 파전에 막걸리도 나누던
어머니의 무릎으로 받아 주었던 마루
퇴색한 마루는 나이를 잊은 기억의 저장고

촬영소 고개

영화속 필름처럼 내 파란 젊음이
담긴 곳
날이 좋을 때나 궂을 때나
사거리 신호등을 지나
시장으로 병원으로 학교로

삼십 대에 아이 셋을 촬영했고
사십 대에 부부싸움을 촬영했다
내 배역은 가난한 주부
팍팍한 살림에 렌즈 밖으로
뛰쳐 나가고 싶을 때도 있었다

구름 낀 날은 내일은 해가 뜰 거라고
힘든 날은 여기가 끝이 아닐 거라고
믿고 살았던 곳

그 많던 엑스트라들 화려한 주인공은
모두 어디로 갔을까
촬영소는 없고 이름만 남아 있는

선인장

송방순 treelady@hanmail.net

나무도 풀도 아닌 것이
타향에 와서 뿌리를 내렸다
태양을 맞이할 수 있는 베란다 한 켠
가시가 잎사귀라 우기며
좁은 화분에 뿌리박고 내 키만큼 컸다

제 살점의 새끼 외엔 아무와도 사귀지 않고
외로움의 굳은살은 붉은 가시로 돋아난다
손톱은 날을 세워 방어하고
예가 출생의 근원인양 홀로 일가를 이루었다

오늘은 비가 종일토록 내려 허약한 내 몸뚱이
가시가 붙은 듯 아프다
우주 한 복판에 살아가는 건 나와 매한가지
나에게도 수건으로 닦아 낼 수 없는
아픈 가시가 창자 끝에 박혀 있다
사는 것이 우스웠을까
가시면류관이 궁핍한 내 영혼을 찌른다

집착

봄은 자기가 가졌던 것을 집착해서
또 다시 산에 진달래꽃을 피워내
산을 술렁이게 만들고
앞마당에 하얀 목련으로 되새김질 한다

사람들은 집착 속에서
사랑이라 단정 지을만한 아무것도 없는데
서로에게 도살장의 소처럼
손등에 푸른 인장을 찍고
그 집착의 끈으로 또다시 자신의 목을 맨다

아이는 엄마에게
강아지는 주인에게 집착해
말간 얼굴로 가증스런 혀를 내밀고

죽은 사람은 산 사람을 집착해서
오래된 관속에서도 무덤 옆 양지바른 곳에
제비꽃을 피워낸다

독도 이야기

이숙희 silverbrich@hanmail.net

서도의 야생화 섬백리향과 기린초가
어깨를 나란히 하고 있는 형제의 섬
동도를 잠잠히 바라보고 서 있다

서로가 서로에게 풍경이 되어주다가
서로의 아픔을 달래주는 아픈 손가락

접안하는 여객선이 싣고 온 육지 소식
흔들흔들 어지러운 뱃머리 웅그린 가슴
접힌 하늘이 토하듯 바다를 뱉어 놓는다

젖은 몸을 뒤척이는 독도의 굽은 등허리
시름에 잠긴 척추 뼈가 동그랗게 말려있다

다독이듯 바람이 구멍 난 가슴 메워주고
물새들 재잘대는 섬 이야기 가득한데

허둥대는 흰 구름 도망꾼의 봇짐 사이로
새알 하나 덜렁 바다에 빠뜨리면

알 뺏긴 괭이 갈매기들 등대 위에서
번갈아가며 시퍼런 불침번을 선다

바위와 파도가 한데 엉겨 울어대는 밤이면
들꽃인양 하얗게 피어나 춤을 추는 물보라
부화한 새끼별들 하나 둘 눈을 뜨기 시작한다

어둠을 뚫고 먼 곳까지 독도이야기 전해주려
등댓불이 쉬지 않고 달려간다, 독도에는

물 밑으로 내려간 동도와 서도가
서로의 외로움을 깊게 껴안고 있다

自畵

평상 위로 정오의 희망곡 내려 앉는다.
누퇴한 삶을 떠나려 해, 네모난 상자 속으로,
차단된 빛 모아 몸을 흔들며 질벅이는 노래

창문 밖 낮은 담벼락이 구부정 졸고 있는데
구물거리는 햇살에 잘려나간 허연 머리카락은
절단된 신경처럼 질룩한 각질들로 흥건하다

숨겨놓은 덫에 걸려있는 생의 조각들
회화나무 검은 그림자가 노인을 끌어내려한다
징검돌이 한발 두발 문 길 쪽으로 나가려다
저체온의 나무의자와 마지막인 듯 인사를 하고

노란 코스모스에는 낡은 눈동자가 하동거려
이제 어디로 가야 되나요, 수없이 반복된 질문들
내게가 무너질수록 세상에 대한 벽을 높게 쌓고

쌓고 덧쌓아도 자꾸 무너져 내리는 自我와 非我
목 길어진 맨드라미는 담장 너머 누굴 기다리는지

깨금발이 닿지 않는 차단 된 성벽마다
생의 내리막길에 돌 하나씩 내려놓았더니

마지막 순간 한 장 무게로 남았을 때
마른 벽돌이 요양원 마당에 쭈그리고 앉아있다

나무들의 외래어

성영희 dudgml1069@hanmail.net

목재부두 하역장
자국의 소리를 잃은 나무들 배에서 내리고 있다
와르르, 대해를 건너온 파도의 토막처럼
긴 멀미를 토하며 바닥에 물결치는 원목들
그때마다 나무들의 외래어가 들린다
따뜻한 나라에서 온 부드러운 소리가 이국의 선착장에 깔리는 소리
수백 년 발 뻗었던 열대우림을 떠나 이제 곧
방역의 스팀에 숨구멍이 막힐 나무들을
인부 몇 물끄러미 바라보고 있다

옹이도 없는 저 나무들과 인부들은 국적이 같다 나무를 켜면 흰색이 나온다 흰 이빨을 드러낸 인부들이 톱밥 같은 웃음을 흘리며 한 아름의 나무를 옮기면 그들의 몸속에도 거칠고 모진 나이테가 생겨 두고 온 뿌리를 찾을 수 있다고 믿는 것이다

바깥보다 환한 안쪽
손가락 한 마디씩 끊어 먹을 때마다 안으로 접힌 장갑의 빈 마디가 헐렁하다
나이테가 없는 열대의 나무들, 이국에서 이국의 나이를 먹는 중이다

자국의 톱날에 베인 붉은 문신의 나무와
이국의 톱날에 베인 푸른 문신의 인부가
제 영혼의 무게쯤은 거뜬히 견딜 수 있다고
바닥과 지붕과 문으로 다시 태어난다
나무 안에도 바람이 분다
아직 닫히지 않은 새파란 귀와 부드러운 혀가
나무들의 국적을 가르치고 있다

활어

동해가 오고 있다
이토록 출렁이는 바다가 있었을까
길을 돌때마다 빠른 물살로 기우뚱거리는 해류
몇 개의 터널을 빠져나오면
싱싱하던 묵호가 새까맣게 멀어져 갔다

활어차에 실려 온 묵호
지느러미를 가다듬는 물고기들에게
검은 앞치마를 두른 사내는
죽음의 그물이다
물이 빠져나간 그물에는 지폐만 남는다
한 장의 지폐가 꼬리를 파닥이며 그물에 걸려 나갈 때마다
한쪽으로 눈이 쏠린 것들
바닥에 착,

숨방울에 취한 물고기들
유리벽은 바코드가 없다
빙빙, 돌다 몰아쉬는 투명한 물숨
저것들도 가끔은, 물 위로 튀어 오르고 싶은 것인데
그럴 때마다 수족관 가득
빗방울을 퍼붓곤 하던
불빛,

하얀 도마를 출렁이는 붉은 동해의 시간들
좌초된 지느러미 불거진 눈알물결 살점만 파드득
아가밀, 뻐끔거린다

그저 곁눈으로
저며진 몸이 헐고 있는 것을 보는
화알어

탈

김은미 kimyu66@daum.net

온몸으로 연주하는 여자
굳은 다리의 현이 천천히 음을 탄다

허름한 도시의 사거리,

현을 더듬는 여자의 손끝에
젖어있던 가락들은
느린 음표로 풀려나와 오가는 발길에
쉼표를 찍는다

몇몇 사람들의 박수소리에
휠체어에 감긴 비장한 설움이
다시 웃음으로 공중에 튀어 오르고

점점 고음으로 치솟는 경쾌한 음악
그러나,
동전 몇 푼만 달랑거리는 바구니 안엔
숨은 하루의 생계가 불안하다

오늘도 굶어야 하나…
낡은 기타 줄 사이로
허기가 몰려드는 저녁

웃음 뒤에
끼니를 걱정하는 그녀의 얼굴은
이미 오래 전에 탈이 되었다

풍경

벚꽃나무 아래에서는
도시의 잡음은 들려오지 않는다

길 위에 반짝이는 별 하나 밟는 순간,
주위의 빌딩들은 사라지고
떨림으로 다가드는 꽃잎들이 하늘 가득 번져있다

어느 것 하나 걸칠 수 없는 몸,

햇살조차도 움켜쥐지 않았을
청렴한 무게 앞에서 밤바람은 속도를 버리고
몸을 낮춘다

얼마나 많은 겹을 풀어놓아야
저토록 가벼워질 수 있는 걸까

흔들릴 때마다
하얗게 쏟아지는 저 투명한 몸짓

허공으로 스며드는 것들은 떨어지는 것이 아니라
자유로이 날고 있는 것이다

저수지의 구두

최분임 choi-bunim@daum.net

이 저녁이 저수지를 두레상으로 쓰나, 촉수 낮은 달맞이꽃들로 밤을 켜놓았어. 방죽을 뛰어다니는 잡풀들의 아우성 낯이 익어. 먼발치 순하게 엎드린 산들은 실업수당 받아온 오후처럼 늘어지자고 하네. 어느 여독이 발을 헛디디는지 풀벌레울음이 높아지고,

하루에도 몇 번 앉은뱅이저울에 오르고 싶었어. 가라앉다 끌리는 발자국, 덜어내고 싶었지. 대출받은 학자금은 2단 햄버거처럼 두툼해졌어. 툭 하면 건너오던 구둣발, 시급의 노동엔 부르르 견디는 주먹이 발견되지. 인스턴트 웃음, 자동문은 벌린 아가리를 다물지 못했어.

혀 밑에 용모단정, 이란 말을 감춘 빌딩들은 귀를 열지 않더군. 변기에 기대앉은 청춘을 둘둘 말아 물을 내리고 싶었어. 터벅터벅 걷는 가로등 불빛을 따라가면 온몸이 녹아드는 고향에 닿을 것 같았지. 숨어들 듯 고개를 숙이던 반지하방, 하룻밤 꿈처럼 아득하군.

이력 없는 청춘들은 어디를 서성이다 이 밤에 닿나. 방죽을 어슬렁거리던 나무들이 한 줌 어스름마저 털어 보일 무렵 수면 위로 거울 하나 둥실 떠오르네. 누가 빠져나오든 들어가든 묻지 않는 저 물의 입, 회전문을 옮겨다 놓은 것 같아. 그러고

도 젖지 않는 발목, 생각을 묶고 있는 이름 하나 풀어주고 싶군. 아래위로 날 훑던 면접관 같은 저수지가 반짝이는 징검돌 몇개 띄우고 하늘길을 밝히는데.

교육의 힘

해경이 곧 구하러 온대잖아, 그만 울고 구명조끼나 제대로 입어. 배 옆구리에 선장처럼 든든한 구명정도 주렁주렁 달렸던데 뭐가 걱정이야. 끔찍한 상상은 제발 그만둬. 우리가 배운 것들이 틀렸다고 생각하니. 쓸데없는 예감은 저 바다, 거대한 아가리에나 던져 줘. 배가 흔들린다고 우리까지 흔들려야겠니. 말 잘 듣는 건 네 장점이잖아. 물살이 빠르기로 악명 높은 맹골 수로라 함부로 뛰어내리면 물고기 밥이 될 수도 있대잖아. 그래, 그렇게 웃으니까 어제 저녁 불꽃놀이가 다시 시작되는 것 같아. 그때 우리 얼마나 환했었니. 네가 좋아하는 영화에서도 착한 주인공은 늘 살아남았잖아. 어깨 늘어뜨리지 말라니까. 희망 같은 낱말에 밧줄을 매달 시간이야. 안내방송이 객실이 제일 안전하다고 몇 번이나 그랬잖아. 넌 속고만 살았니. 이건 그냥 처음 보는 시험인 거야. 누굴 의심하는 건 나쁘다고 배웠던 거 기억 안 나. 침착하게 기다리라는데 왜 자꾸 안절부절 못하고 그러니. 자, 내 구명조끼에 그 불안을 묶어. 어른들에 대한 불신이 튀어나오지 못하도록 단단하게 고정해. 승무원들은 뭐 하냐고 자꾸 재촉하지 마. 잘 훈련된 매뉴얼이 곧 우리 안부를 물으러 올 거야. 제발 그 형틀에 묶인 표정 좀 풀어. 그래 안심해, 나도 네가 있어 위로가 돼. 우린 헤어지지 않아. 아직 안녕이란 인사를 남기긴 일러.

사과를 줍다가

안은주 anej6909@hanmail.net

사과를 담은 검은 비닐봉지를 들고 버스를 탔습니다. 열린 창으로 가을 나뭇잎 냄새가 들어옵니다.

그래서 일까요?

부도浮屠처럼 앉아 있던 노승은 이미 내리고 없는데, 의자 깊숙이 가을 햇빛이 고여 있습니다.

노승이 흘리고 간 몫의 나머지 같습니다.

노승의 뒤통수에 난 상처들은 처음부터 오체투지 같았습니다.

급정거한 버스 통로를 타고 쏟아진 사과들이 붉은 얼굴로 구석을 찾고 있습니다.

내 몫의 내 나머지 같은 사과를 줍습니다.

노승은 이미 내리고 없는데, 한 자리씩 차지한 불두화들이 이리저리 흔들리며 졸고 있습니다. 멍든 사과를 줍다가,

내가 꺼내져 있는 듯 부끄러워집니다.

왜일까요?

노승의 나머지 같은 가을 햇빛에 몸을 기울여 봅니다.

멍이든 늑골 어디쯤 일 겁니다.
햇빛이 고여 말간 웅덩이 하나 생깁니다.

외삼촌

젊어서 홀아비가 된 외삼촌이 달팽이의 속도로 한 줌 도시에 번쩍거리는 네온사인에 멱살을 잡힌 채 영등포 뒷골목 만세 슈퍼 평상에 앉는다.

고향 떠나온 지 20년이 지났어도 고향 지붕을 고치다 다친 허리는 아직도 뻐근하고, 같은 사연을 가진 동료들과 만세 슈퍼 평상에 앉아 오늘 하루의 여백 같은 막걸리 한 잔을 오래 오래 씹어 삼키며

내일은 서둘러 다시 도시 속으로 파고 들어야지 다짐하고,

다 탄 꽁초를 붙들고 있는 손가락이 징글징글하게 습관이 되어버린 외삼촌은 오랜 골목 여행에도 너무 쉽게 안을 짐작할 수 있는 첫인상을 가졌다.

어이, 허리는 어쩐가

물어 줄 형제들 안개처럼 흩어진 도시는 24시 올라이트 중이다. 아직도 달팽이가 부러운지 미장칼로 집으로 가는 길을 만들며 도시를 헤매는 외삼촌은

오래된 우리의 아픈 손가락 하나다.

수필

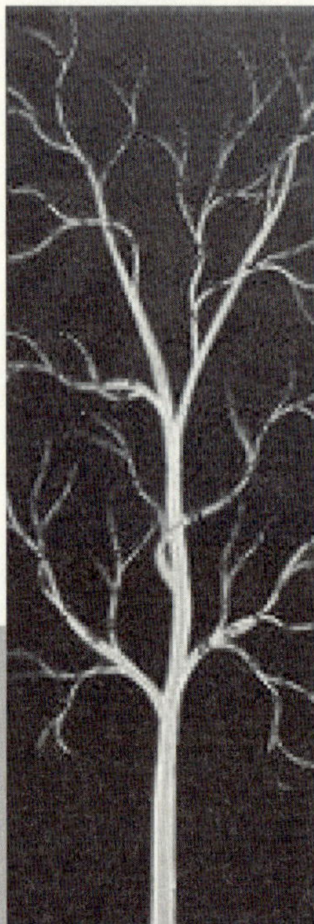

하늘나라 우체통

차갑수 gapcha@hanmail.net

세월호 참사 1주기가 다가올 무렵, 팽목항으로 갔다. 일 년이라는 시간을 여과하면서 다시 그날을 되새기는 시간을 마주한 것이다. 누구는 죽고 또 누구는 살았다. 생명의 항구, 그 팽목 바다 앞에 서자 몸이 휘청거렸다. 잠시 어지럼증이 일었다. 그때 생사의 갈림길에서 울 수조차 없었던 처절한 목소리가 생생히 들려오는 듯했다. 절체절명의 순간에 부닥치면 과연 나는 어떠할까.

파도소리가 영혼들의 처절한 울음처럼 귓전을 때린다. 해는 수평선에 닿을 듯이 빛과 열기를 물 위로 내리는 중이다. 304명의 목숨을 삼킨 파도는, 언제 그랬냐는 듯 잔잔히 출렁대고 있다. 우리 일행은 일몰에 맞추어 바다 가운데 선 등대에 불을 밝히기 위해 왔다. 뜻 깊은 행사에 동참하니 마음이 숙연해졌다. 추모 편지와 시 낭독이 있었다. 유가족과 영혼들에게 위로가 되었으면 하고 간절히 바랐다. 불교, 기독교, 천주교 세 단체의 아름다운 생명의 빛 행사였다. 아직 수습이 덜 된 유가족들의 울음 섞인 언어가 파도를 타고 번져간다. 황혼의 노을이 온통 붉다. 해의 거동이 수상하더니 금세 그 몸통이 물 아래로 가라앉는다. 그리고 드디어 일몰을 타고 바다에 불꽃을 피웠다. 계란 옷으로 치장한 304개의 혼백에게 불빛을 바쳤다. 순결과 평화의 상징, 하얗고 노란 색의 아이와 어른 영혼이 영생불멸 극락왕생하기를 간절히 기원했다. 생명의 빛으로 승화하소서. 아직 갈길 몰라 허공을 헤매는 영혼들이여, 이 빛줄기를 타고 그대들 계신 곳에 평화와 안식이 함께 하소서. 지금도 물속에 계시거든 부디, 어서 하늘 길로 오르소서. 이제 그만 이승의 미련 놓으시고 높디높은 별자리로 오르소서. 편안히 쉬소서.

땅에는 연등이 하늘엔 별들이 총총했다. 불꽃이 하나둘 꼬리를 물었다. 연신 하늘 길로 두둥실 떠갔다. 올려다보는 부모님께 '엄마아빠, 걱정 마세요' 하듯이…. 추모의 애잔함이 흐르는 동안 내 마음을 영혼들에게 전했다. 고통없이 빛나는 별이 되라고.

추모하는 영혼을 위한 유등의식은 애잔했다. 어둠이 내린 바다는 온통 검었다. 출렁대는 파도가 유령처럼 흔들렸다. 순간 소름이 돋았다. 마치 '제발 나 좀 살려주세요.' 하는 환청이 점점 가까이 다가오는 느낌마저 들었다. 환영이 오락가락해 머리에 통증이 왔다. 아득히 누군가에게 끌려가듯 나는 잠시 정신줄을 놓쳤다.

목사님과 스님이 별빛과 해면 사이에서 서로 인사를 나누었다. 기독교에서는 등대에게 계란의 영혼으로 부활시켰다. 생명의 빛을 축제처럼 선물했다. 불교에서는 연줄에 불꽃을 띄우듯이, 천도제로 길을 열었다. 지상에서 바라보는 우리들 가슴에도 환하게 불이 켜졌다. 캄캄한 바다를 타고 흘러나오는 추모 트럼펫의 울림은 음악이 아니었다. 그것은 가슴 저 아래의 깊고 깊은 통곡이었다.

밤바다에 심어진 빛의 행렬은 장엄하고 휘황했다. 산 자와 죽은 자가 동행하는 한바탕의 굿판이었다. 잠시라도 가족을 잃은 망연함을 추모의 열기로 대신할 수 있어 다행이었다. 유족들의 안타까움은 무슨 말로 위로가 되겠는가. 바라보며 억누르는 내 가슴 또한 숙연하고 애달팠다.

팽목항에는 작은 배를 타고 하늘로 항해할 태세를 갖춘 우체통이 있다. 그 옆에는 사연을 담을 종이와 연필, 봉투가 준비되어 있고 다른 작은 통이 마련되었다. 누구나, 아무나 이

곳에 오시어 사연을 쓰고 싶을 때 쓸 수 있도록 행복발전소가 배려한 사회헌신운동의 일환이다. 우체통은 '저에게 편지 밥을 주세요.' 하듯 조용히 우리를 바라보고 있었다. 우정배달의 상징인 제비가 금방이라도 창공 저 너머로 소식을 전할 것처럼 그려져 있다. 조각배에 둥둥 실린 하늘나라 우체통, 많은 사람들의 마음이 가득 차서 배 둘레가 두둑하다. 04월 16일은 한 달 후다. 행사가 끝나고 우체통의 입을 열었다. 하늘로 가는 사연들이 가득하다. 가슴으로 보듬을 만큼 많은 양이었다. 하늘나라 우체통, 배가 부르니 보는 이들의 아픔과 기쁨이 교차한다. 차마 닿을 수 없는 미묘한 마음의 움직임이 느껴졌다. 주소 없는 편지의 주인은 어디서 배달부의 편지를 받을까.

목숨을 앗아간 바다여, 몸부림이여, 바람이여, 파도여, 0416의 아우성이여, 평화의 별이 되기를…. 그대들 넋을 기리는 우리들 다 함께 고개 숙여 묵념하노라. 꽃피고 새우는 평화와 안식이 있는 그 곳에 부디 다시 태어나소서.

그녀의 정원

이영옥 lee3886@hanmail.net

우리 집은 서민들이 모여 사는 작은 연립이다. 나는 이 집에서 20년이 넘도록 살았다. 동과 동 사이도 승용차 두 대를 길게 주차하면 더 이상은 어렵다. 가끔은 모닝콜이 필요 없는 날도 있다. 울고 넘는 박달재나 미아리 고개 같은 이미 한 세월의 고개를 넘어선 노랫소리가 이른 아침부터 집 안으로 들려오기 때문이다. 나도 입주할 때는 이 집에서 삼 년만 살리라 생각했으나 뜻대로 되지 않아 눌러앉게 되었다.

나는 이따금 4층에서 창문을 열고 밖을 내다본다. 그녀의 정원이 궁금해서다. 오른 쪽으로 놀이터가 보이고 정면으론 상가 건물로 막혀 있어 답답한 편이다. 바로 그 옆 왼쪽 동이 그녀가 살고 있는 집이다.

그녀가 1층에 사는지 반지하에 사는지 잘 모르지만 주차 공간을 자기 집 마당처럼 사용하며 산다. 주로 화분을 손질하고 물을 준다. 집에서 내려다보니 그녀는 파마머리를 한 보통 아줌마였다. 거리가 있어 이목구비는 자세히 안 보여도 얼굴은 둥글고 평범해 보였다.

그녀로 인해 이웃들은 꽃밭이 있는 집에서 살고 있는 듯했다. 해가 갈수록 화분이 많아지자 조립식 선반을 만들어 크기별로 화분을 진열하듯 정리해 놓았고, 한쪽으로 보기에 적당한 원탁까지 갖춰 놓았다. 겨울의 끝에서 동백이 피고 봄을 불러와 철쭉은 여러 개의 화분에서 동시에 피었다. 계절마다 다른 화초들이 인사하는 그곳은 어느새 이웃들의 마음의 정원이 되고 있었다. 무심히 창밖을 바라보던 내 눈길도 자주가게 되고 이웃을 잘 만나 누리는 호사 같아 그녀가 고마웠다.

어느 날 계단처럼 놓여 있는 화분에 호스를 끌고 다니며 물을 주고 있는 그녀를 보았다. 팔을 뻗었다가 화초를 향해 오므리고, 다시 펴면서 허리를 살짝 살짝 굽혔다 폈다 하는 모습이 마치 왈츠 지휘자처럼 느껴졌다. 물줄기가 분수처럼 솟아오를 때는 언뜻 무지개도 보였지 싶다. 화초들은 싱그러웠고 그녀의 일상은 풍요로워보였다. 한쪽에 있는 원탁테이블로 당장이라도 커피잔을 들고 내려가 마주 앉고 싶은 충동이 일 정도였다.

얼마 전 가을, 가까이서 그녀의 정원을 처음으로 보게 되었다. 원탁이 있는 쪽 조립식 선반에는 크고 작은 화분이 가득했고 다른 한쪽은 화초가 아닌 쪽파, 대파, 갓 같은 농작물이 화분마다 심어져 있었다. 우리 집에서 보이지 않던 옆으로 돌아가자 나는 너무 놀라 그 자리에 멈춰 섰다. 완전한 2층 텃밭 형태를 갖추고 있었다.

아래층은 시멘트 바닥에 흙을 옮겨와 벽돌로 경계를 만들고 밭이랑처럼 배추가 심어져 있었다. 2층도 철근을 세워 선반처럼 만들고 그 위에는 줄을 선 것처럼 채소들이 심어진 화분들이 나란히 있었다. 나는 조금 놀랐다.

이곳은 공동구역인데 그녀의 정원은 이제 영토 확장을 넘어 계단 양쪽 반지하 방의 창문도 거의 가리고 있었다. 옆쪽으로 돌아서도 화분이 이어졌고 큼지막한 고무 통 몇 개에는 감나무, 포도나무, 대추나무도 우뚝 솟아 있었다. 게다가 철조망 울타리까지 세워 놓았다.

그 누구도 손대지 말라는 영역표시로 보였다. 4층 내 집에서 바라보던 아름다운 정원의 뒷모습에 조금 당황스러웠다. 그러나 같은 동에 살고 있는 이웃들은 정작 정원으로 인해 언성이 높아진 일은 없었다.

최근에 퇴사를 하고 시간의 여유가 생겼다. 마트에 다녀오던 길에 문득 그녀의 정원이 생각났다. 차를 세워놓고 그 곳에 가보니 예전과 많이 달라져 있었다. 터질 듯이 짱짱하던 배추밭도 텅 비어 있었고 선반 같은 2층에는 화분의 고추만 붉게 물들어가고 있었다. 어딘지 허전했고 구석에는 빈 화분만 켜켜이 쌓여 있었다. 가만히 생각하니 그녀의 모습을 본지 오래인 것 같다.

그녀의 일상에 관심을 가져본 적 없어도 분명 예기치 않은 일이 생긴 것 같았다. 빛을 발하던 화초들도 어쩐지 시들해보였다. 어디가 아픈 걸까. 멀리 떠난 것은 아닐까. 주인 없는 정원은 스산하기 짝이 없었다. 그녀의 정성으로 피워낸 화초들이 이웃들을 기쁘게 하는 사이에 누가 그녀 곁에 있어 주었을지. 어쩌면 그녀 곁에 물을 주는 만큼 꽃을 피워주고 향기를 주던 화초들이 이웃들 보다 더 말을 걸어 준 것은 아닐까. 4층에서 내려다보는 일을 즐거움으로 바꾸어 준 그녀였는데 난 참 무심한 이웃이었다. 커피 한 잔 건네지 못하고 무심하게 바라보기만 했으니.

빈 화분에 싹이 텄다. 그녀가 돌아올까. 5월의 향기로운 정원에서 춤을 추듯 물을 뿌리며 그녀가 만들어내던 물빛 무지개가 보고 싶어졌다.

연통을 청소하며

김새봄 kimc43@hanmail.ne

여느 해 겨울처럼 난로 생각이 간절했다. 그간 눈동냥으로 무수한 난로들을 만나오다 어느 난로회사 사장과 통화를 하게 되었다. 한 분야에서 서른 해를 보냈다니 귀가 솔깃했다. 몇 개비 장작만 가지고도 금방 열을 내는 기능성 난로라니, 더는 정보 수집을 중단했고 드디어 난로를 들이게 되었다.

지금은 일월의 한가운데, 아직은 난로에 더 기대야 한다. 그런데 어찌된 일인가. 간밤에 넣어 둔 장작이 타다 말았다. 낭패였다. 당장 연통을 뜯기로 한다. 추워진다는 일기예보도 그렇거니와 '대한' 추위가 도사리고 있으니 더는 미룰 수가 없다.

후레쉬로 밖을 향해 길게 빠진 연통 속을 비춘다. 새카만 분진들이 통로를 막았다. 연통을 쑤실 나무가 필요해 둘러보니 구석에 얌전히 서 있는 붉나무가 눈에 띈다. 바람은 왜 하필이면 씨앗을 창문가에 데려다 놓았을까. 붉나무는 하룻밤 자고 나면 쑥쑥 컸다. 한여름 그늘이 되어준다 싶어 이태를 두었더니 보는 이마다 한마디씩 해댔다. 기세등등하게 하늘을 향해 뻗어나던 나무는 그렇게 해서 잘려졌다. 장대 끝에 뭉치를 매달아 연통 속으로 밀어냈다 끌어당긴다. 시커먼 분진들이 우수수 떨어진다. 이참에 난로 구조를 자세히 살핀다. 열이 아래에 오래 머물게 하려고 직접적으로 연통으로 빠지는 불꽃을 막으려 철판을 댔다. 대신 양쪽 구멍으로 불꽃이 빠져나오도록 했다. 안쪽으로 분진을 모아 털어 낸다. 연통 연결부위 역시 긁어내니 그 양이 상당하다. 이러니 연기가 새

나갈 틈이 없어 타오르는 시늉만 하다 슬그머니 꺼지고 만 것이다.

이태 전 겨울이었다. 그때도 난로를 들일 생각을 하며 차일피일 시간을 보내고 있었다. 그러던 차에 겨울이 깊었고, 제주여행을 하게 되었다. 그때 어느 민가에 들렀을 때 일이다. 서울 시민이었던 주인은 오랜 시간 찾아 헤매던 귀촌지 제주에서, 난방 해결을 위해 많은 노력을 기울였다. 벽난로로 결정하고 특수 제작에 들어갔다. 내 눈에는 별 모양새도 없는 벽난로 예찬에 침이 마른 그에게 얻어 들은 것은 절대 종이를 태우지 말라는 주문이었다. 하지만 이미 사랑채인 <달항아리> 아궁이와 난로에 내 방식대로 종이로 불쏘시개를 해왔으니 머지않아 연통이 콱 막힐 일을 계속 진행시키고 있었던 것이다.

종이 대신 토치를 부탄가스에 연결해 나무에 불을 붙이고 연기를 확인한다. 밖의 연통도 뜯어야겠다는 생각에 미친다.

어느 새 사방이 사위고 있었다. 추운 줄도 모르고 작업을 할 수 있었던 건 어스름이 오기 전 일을 끝내야겠다는 조바심이 일어서이다. 안으로 들어와 불을 지핀 후 나가보니 연통에서 연기가 팡팡 솟는다. 처음 난로를 들여놓고 불을 지필 때 그 설레던 기분이 살아난나. 연기 하나 나지 않고 불길이 안으로 쭉 빨려 들어가는 게 신기했다. 타오르는 불꽃을 무한정 바라보던 순간들. 난로가 달궈져 뿜어내는 열기의 안온함에 그저 따뜻함이 주는 느낌만 얻으면 전부인 줄 알았다.

난로 위에 찻물을 올리고 고구마를 묻는다. 저녁 준비할 생각을 잊은 채 난롯불을 쬔다. 추위가 사나흘 계속 된다지만 당분간 별스러운 걱정들은 다 묻어 두려고 한다. 일단은 등 따시고 배고픈 걸 면할 수 있으니 행복하다는 주문을 외우면서. 생각은 생각에 연하여 행동으로 이어질 테니 행복하다는 생각은 사소함도 행복감으로 물들이는 마법을 발휘해 줄 것이다.

이런 소소한 노동은 하고나면 뿌듯해서 즐겁기조차 하다. 어설픈 손짓으로 만지고 부려서 해결되는 것, 아둔한 머리를 굴려 터전을 꾸려 가는 것, 내가 택한 시골살이이니 피할 수 없으면 즐기는 쪽으로 생각을 바꾸는 것 등이다. 자꾸만 따라붙는 연통의 분진 같은 외로움, 슬픔, 한숨일랑 연기처럼 날리며 한 해를 여는 마당에 서 있다.

난로 속에서 시나브로 타는 나무로 인해 고심 끝에 연통을 청소하게 되면서 생각들이 꼬리에 꼬리를 물었던 하루이다. 그간 통하지 않아서 애를 먹였던 게 어디 연통뿐이었을까. 지난날, k와의 일은 결국 소통되지 못한 때문이 아니었나. 서로의 입장만 내세우다 상처를 내었으니 이 또한 인생에 있어 쓴 경험이 아니고 무엇이랴. 그럴 때는 애면글면 애달아하지 말고 내려놓는 게 수이다. 시간이 흐르면 자연히 알게 될 것이다. 삶에는 때때로 비싼 수업료를 지불할 때가 있다는 걸. 지불한 후에는 한층 단단한 땅을 딛고 서 있는 나무처럼 넉넉한 사람이 되어 있으리라는 것을.

이제 나무는 별 저항 없이 연기 하나 내지 않고 불꽃을 일으키며 활활 타오른다. 흘러나오는 음악을 반복해서 들으며 추억으로 돌려야 할 이야기 하나 불꽃 속에 던져 넣었다.

나무야말로 아낌없이 주고 간다는 걸 난로에 불을 지펴보니 알겠다. 나무 같은 삶에 대하여 생각해 보는 밤이다.

소리영어에서 만난 테일러

장보민 gulpojang@hanmail.net

요즘 매일 만나는 아가씨가 있다. 이름은 테일러이고, 미국 외곽지역 출신의 평범한 회사원이다. 몸매며 얼굴이며 나무랄 데 없이 아름다운 외모를 지녔다. 파랗고 깊은 눈동자는 그녀의 아름다움을 한층 돋보이게 해준다. 무엇보다 그녀를 더욱 빛나게 해주는 건 외모보다는 내면에 있다. 삶을 살아가는 태도가 모두 인상적이다. 만난 지 8개월이 되었는데, 어느새 그녀의 매력에 푹 빠졌다. 그녀의 순수함은 50여 년을 살아온 나의 삶을 되돌아보게 한다.

그녀를 알게 된 건 영어공부를 시작하면서부터이다. 미래를 위한 공부 중에 무엇을 할까 생각했다. 실생활에 도움도 되고 자유로움도 얻을 수 있는 방법을 두루 고민했다. 그 해답이 늘 발목을 잡고 있던 영어공부였다. 때마침 소리영어를 홍보하는 개그맨이 출연하는 방송에 방청객으로 참여하게 된 것도 선택하는 데 한몫을 했다. 망설이던 마음에 힘이 붙었다. 결정적인 이유는 소리영어가 지향하는 바였다. 우리말을 배울 때의 기본 방식으로 접근하는데 공감이 갔기 때문이다.

인터넷 사이트에서 영어드라마 한 편이 제공되었다. 매일 15~20분 정도 보고 들을 수 있는 분량이었다. 언어는 시간을 필요로 하는 것이라고 인정을 하니 조급증이 사라졌다. 들리면 들리는 만큼만 따라했다. 그렇게 편하게 대하다보니 드라마의 흐름에 집중하게 되었다. 마치 일일 연속극처럼 다음 장면이 궁금해지기 시작했다. 소소한 재미에 길들여지면서 어느새 주인공인 테일러에게 빠져들었다.

테일러는 시골출신이지만 비서로 일한다. 옷차림과 머리 모양을 비롯한 사고방식 역시 수수하기만 하다. 사장의 외동딸인 고등학생 퀸의 도움을 받아 테일러는 여러 난관을 잘 극복하고 마침내 스토리 에디터라는 직분까지 승급한다. 그 과정에서 퀸이 일에 집착하는 이유를 묻자 테일러는 아련한 눈빛으로 회상을 한다. 어릴 때 엄마가 책을 읽어주고 영화를 같이 보며 이야기를 나누었던 때가 아주 행복했다고. 지금은 하늘나라에 계시지만 자기는 이 일을 하면서 엄마를 느끼고 행복하기 때문에 일이 정말 좋다고 한다. 나 역시 어렸을 때 아버지를 일찍 여의어 외로움을 책으로 달래며 자랐던 터라 차분한 슬픔이 공감으로 전해졌다.

정말 자기가 원하고 좋아서 하는 일이란 얼마나 멋지고 바람직한 일인가. 내면을 바라본 뒤의 테일러에 대한 직업 선택관이 달라보였다. 반면 퀸은 비즈니스로 늘 바쁜 엄마에 대한 불만을 이해하면서도 사랑을 갈구하는 속마음을 엇나가는 태도로 해소해 나갔다. 이와는 조금 다르지만 나도 한때 바깥 활동으로 정신없는 나날을 보낸 적이 있다. 작은 딸의 불만이 배앓이라는 신체 증상으로 나타나 곤혹을 치르기도 해서 이해가 갔다. 퀸의 일탈 행동을 보며 그 원인 제공자는 어른들이라는 것을 다시금 생각케 했다. 그동안의 친분관계로 애매하게 연루된 테일러는 분노한 사장에 의해 해고통보를 받는다. 직장인으로서의 어쩔 수 없는 약자의 한계를 보는 듯 안타까웠다.

궁하면 통한다고 했던가. 테일러는 업무관련으로 알게 된 직원으로부터 도움을 청하라는 제안을 받는다. 하지만 테일러는 모든 것이 자신의 잘못으로 빚어진 일임을 인정하고 거부한다. 사실 이럴 경우 직장을 잃으면 그 증거를 대고 복귀하려고 달려 들 수도 있을 텐데 놀라웠다. 정작 직장을 잃은 것보다 차치하고 그녀를 못내 힘들게 했던 것은 엄마와 사이가 벌어진 딸을 상대로 자기 이익을 취하기 위해 그녀를 이용했다는 자책감이었다. 정말 여기에서 테일러의 매력에 더 붙잡혔다. 사람이 살아가면서 무엇이 중요한지 근본이 어떠해야 하는지 부끄럽게 돌아보게 되었다.

이후, 그간 사정의 전후 맥락을 이해한 사장이 직접 찾아와 딸에 대해 생각해보는 계기를 줘서 고맙다고 한다. 업무에 있어서도 거절했던 직원의 제보로 알게 된 사실의 반전으로 진실은 구걸하지 않아도 드러났다. 결국 테일러는 본연의 자기 자리로 돌아가고 그녀가 가진 용기와 진정성은 많은 것을 넘을 수 있다는 걸 보여주었다.

테일러를 만나는 요즘 난 영어를 떠나 새로운 걸 보게 되었다. 신선한 자극을 준 이 괜찮은 여성을 당분간은 더 만날 것이다. 비록 소리영어에서 만나는 사이지만, 어떤 때는 스크린을 뚫고나와 마주했으면 싶다. 헐리웃으로 달려가서 그녀를 만나, 그동안 내가 느낀 감정을 전하고 싶은 심정이다. 내면에 담고 있는 아릿한 상처를 그녀에게 내보인다면 다정하게 잘 들어주고 위로해 줄 것 같다. 다른 한편으론 그녀를 닮은 사람이라도 만나 이 이야기를 할 수 있길 기대해본다. 테일러, 그녀는 요즘 나의 안식처이다.

잃어버린 시간

강미애 kma0819@naver.com

밤 새워 연애편지를 쓰거나, 혹은 누군가에게 선물 할 멋진 시 구절을 찾아 도서관을 배회하면서 느꼈던 알 수 없는 떨림. 백목련 가득한 봄날의 골목 공중전화 앞에서 수화기를 든 채 공연히 붉어지던 설렘, 그녀 혹은 그의 마음이 열리기만을 기다리며 길가를 서성거리는 사람의 풋내 나는 부끄러운 열기. 이런 싱싱한 감각의 기억을 고스란히 아로새길 수 있었던 시간들이 사라져 간다. 아니 사라지고 있다.

어느 날의 일이다. 내가 탄 전철 칸의 승객 중 절반가량 아니 그 이상의 사람들이 휴대폰으로 무언가 통화를 하고 있었다. 사방에서 휴대전화들이 울려대고 있는 것이다. 끊임없이 벨이 울리고 큰소리로 통화하고 있거나 어디론가 전화를 걸고 있는 사람들, 젊은이들은 휴대폰을 들여다보며 빠른 손놀림으로 문자를 보내거나 영상을 보거나 게임에 몰두하고 있었다. 그들은 내가 모르는 어떤 일들을 끊임없이 휴대폰으로 해결하고 있는 듯했다. 이렇게 하루 종일 휴대폰을 만지작거려야 하는 것이 우리의 피할 수 없는 운명인 것처럼.

휴대폰에 무지한 나는 도무지 알아채기 힘들었지만 그들은 모두 또 다른 세계에 몰두하고 있었다. 그 세상은 마치 저마다의 섬을 만들어 놓고 몰두하며 헤엄치는 광경이랄까. 순간 사람들이 전철 속에 둥둥 떠 있는 느낌이었다.

'사회생활을 하는' 대한민국 사람이라면 누구나 갖고 있는 휴대폰. 그런데 나는 이 당연한 일상에 가끔 멀미가 난다. 정상적인 사회생활을 하는 대한민국의 한 사람임에도 좀처럼 적응하지 못하고 있는 것이다.

길을 걸으며 휴대폰에 대고 무어라 끊임없이 짜증 섞인 목소리로 소리치는 사람, 영화관 앞좌석의 여자가 영화를 보면서 너무나 익숙한 자세로 문자를 보내는 모습, 카페에 마주앉은 내 얼굴보다 휴대폰을 더 오래도록 들여다보는 친구. 남들에게는 전혀 이상하지 않은 이러한 일들이 나는 좀처럼 익숙해지지 않는다. 사실 초고속으로 성장한 IT산업 강국의 자랑스러운 면모인지 양철냄비처럼 달아오른 소비자본주의가 낳은 천박한 물신화 문제인지 헷갈리는 순간이다.

머나먼 외국에서도 깊은 산중에서도 휴대폰으로 통화하는 세상은 우리의 행복에 얼마나 기여하고 있는 것일까. 지우고 쓰기를 거듭하며 밤새운 연애편지 한 장의 떨림과 설렘을 휴대폰 문자메시지만으로도 충분히 대체할 수 있는 세상. 하지만 사랑해, 보고 싶어 이 말을 손가락 몇 개의 움직임만으로 보냈을 때 과연 관계의 싱싱한 떨림을 제대로 전할 수 있을까 의문이다.

전철에서 보았던 풍경들, 저마다 고개를 파묻고 휴대폰을 자기 몸 가까이로 바싹 끌어당긴 사람들 속에서 어쩌면 나는 슬픔 같은 외로움을 느꼈는지 모른다.

현대인들은 스스로 섬에 갇히고 싶어 한다. 그러면서도 외로워한다. 이러한 우리에게 휴대폰은 적절한 소통의 거리를 지켜주고 있다. 외로움도 과하면 병이 되고 관계도 과하면 병이 된다. 그저 즐길만한 수준이면 좋다.

즐길 수 있기 위해서는 적당한 거리와 침묵이 필요하다. '적당함' 이란 어느 만큼일까. 어린 시절 종이컵 두 개를 실로 연결하여 만들었던 전화기 같은 것, 방문 이쪽과 저쪽에서 한쪽은 귀에 한쪽은 입에 대고 무어라 소곤소곤 말하고 듣던 그 거리 만큼이면 좋을 듯싶다. 무슨 말이 내게로 전해져오는지를 듣기 위해 한걸음 다가가야 하는 그 설렘과 떨림의 거리.

귀에 닿아있는 휴대폰이 따뜻하다. 이렇게 누구보다 가까운 거리에 있는 휴대폰은 정말 우리에게 설렘과 떨림을 전할 수 있을까. 봄날 나무둥치 속에서 물이 순환하는 소리를, 바람이 전하는 마법의 언어들을….

배어든다는 것은

노기화 23hohoho@hanmail.net

비가 내리던 날이었다.

“달랑무 다섯 단에 오천 원.”

가던 길을 멈추었다. 영화를 보려고 나섰다가 믿을 수 없는 가격에 솔깃해 채소 장수 트럭 앞으로 다가섰다. 묶인 단도 제법 야무져 보였다. 아저씨는 떨이 정도가 아니라 비가 와서 거저 주는 거라며 이미 비닐봉지에 한 단씩 밀어 넣고 있었다.

묵직한 봉지를 들고 현관에 들어서는 순간부터 후회가 시작되었다. 이 많은 양을 언제 다듬어 담근담? 비도 내리고 영화를 보며 한가하게 저녁시간을 즐기려 했던 나의 계획이 어긋나버렸다. 그러나 하룻밤 그냥 재울 수는 없는 일, 돗자리를 펴고 묶음 단을 풀었다. 시들해진 내 기분과는 달리 무청은 싱싱하다. 당당한 이파리, 소금 뿌리기 아까운 청춘이다.

김치는 알맞게 절이는 것부터 맛이 결정된다. 짭짜름하거나 싱겁게 절이면 발효 과정을 거쳐도 이 맛 저 맛도 아닌 밍밍한 맛이 되고 만다. 크기도 맞춤한 총각무 속살을 뽀드득 씻어 소금을 뿌린다. 단단하던 무가 간기에 잦아들고 무청이 부들부들 연해진다 싶으면 어르듯 뒤집어준다.

세상사 간 맞추는 일도 훌훌 소금 뿌리듯 할 수만 있다면 사는 일이 훨씬 수월할 것이다. 그럴 수 있다면 상처도 덜 주고 얼마나 좋을까. 속을 알기도 전, 내보이기도 전에 선불리 절이고 절여진 순간들이 많았다는 생각이 든다. 꽃도 열매도 어찌 보면 나무가 견뎌 낸 상처 속에서 피어나고 맺은 것들이기에. 총각무는 지금 굵은 소금을 뒤집어 쓴 채 아리고 쓰린 순간을 자가 소독하듯 참아내고 있다. 갖가지 양념이 버무려져도 톡 쏘거나 내치지 않고 포용하고 스며들도록 하기 위한 수행과정처럼 말이다.

김칫거리가 절여지는 시간에 양념을 준비한다. 혼자만 제 맛을 자랑할 수 없는 게 양념들이다. 새우젓, 까나리액젓, 고춧가루, 마늘, 양파, 생강, 쪽파, 매실액….

혀끝에서 느껴지는 첫맛이야 제각각이지만 이들이 만나서 함께 버무려질 때 김치는 맛다운 맛을 낸다. 한데 엉길 수밖에 없는 인연이다. 양념이 배어들어 김치가 담가지듯 서로에게 진득하게 배어드는 관계가 부부가 아닐까 싶다.

김치를 담글 때면 아이처럼 곁에 앉아 맛보기를 기다리던 그이가 생각난다. 특히 총각김치를 좋아했던 그에게 청을 둘둘 말아 입에 넣어주면 아삭아삭 맛있게도 먹어주었다. 맛깔스레 먹어주는 사람이 있으면 김치를 담그는 손끝은 춤춘다. 함께 지냈던 날들도 지나고 보니 서로에게 양념 같은 존재였다는 생각이 든다. 고집처럼 남아 있던 매운맛이나 쓴맛들이 섞여 어느 순간 숙성된 맛으로 발효되는 인연.

양념을 버무리던 손을 잠시 멈추고 생각해본다. 길지도 않은 15년 동안 나는 그이에게 잘 배어들기는 한 걸까. 하늘에 있는 그에게 물어 볼 수는 없지만 알고 있다. 겉도는 양념 같던 나를 에둘러 그가 잘 버무려왔다는 것을.

총각무가 마침맞게 절여졌다. 큰 양푼에 양념을 넣고 골고루 섞으니 맵싸한 향이 올라온다. 매운맛, 단맛, 짠맛, 신맛이 도는 양념들은 찹쌀풀이 들어가는 순간 싫거나 좋거나 고분고분 엉겨진다. 어느 자리에서나 찹쌀 풀 같은 사람이 있으면 그 주위는 별로 소란스럽지 않다. 탈이 없다. 서로를 보듬어 끈끈하게 품어주는 사람은 숙성된 김치처럼 속이 깊다. 그런 사람을 보면 사는 맛이 난다.

김치를 버무리는 손끝에는 으레 마음이 달려 있다. 주고 싶은 사람을 떠올리면 더 그러하다. 받는 이의 얼굴에 꽃등이 켜질 상상을 하면 뻐근한 허리도 즐거운 통증이고 일이 수월하게 느껴진다. 이렇게 다섯 단이나 담근 날은 나누어 줄 사람이 한 명 더 늘어나 좋다.

"김치도 서둘러 뚜껑을 열면 미친 맛이 되능겨."

친정어머니의 말씀이다. 고향집 뒤란에 김칫독을 묻어 놓고 계절마다 사위가 좋아하던 김치를 담그시던 친정어머니. 손맛이 좋아 동네 집집마다 한두 번은 돌아가며 김치를 담가 주셨던 어머니도 어느새 여든넷이 되었고 허리도 반으로 접혔다. 세상의 단맛보다는 쓴맛을 삼킬 때, 진짜 사는 맛을 알아가는 거라며 나를 가만히 안아주던 그해 가을날… 어머니 품에선 시큼한 맛이 났다.

발효를 기다리는 건 김치의 숙명이다. 이제 김치통 속에서 저들이 끌어안고 만들어 내는 맛의 속삭임이 시작되리라. 묵묵히 때를 기다리는 일은 자가 숙성의 시간처럼 경건하다. 안으로 배어들며 삭혀지는 시간이다.

살다 보면 야단스럽게 시간 다투기를 하며 동동거리기도 하지만, 양념이 배어들듯 기다림의 시간이 필요할 때는 시간 앞에 무릎을 꿇어야 한다. 몇 차례 쓰라린 통증이 있을 것이고 그것을 묵묵히 견뎌 내리라. 인내와 이해를 진득하게 바쳐야 하는 사람 끼리 서로 배어든다는 것은 얼마나 아프고도 아름다운 일인가.

건조증

박애자 aeza22@hanmail.net

바람이 나뭇가지를 흔든다. 길 옆 느티나무는 벌써 잎을 반쯤 떨어뜨렸다. 제 몸 하나 지탱 하지 못해 떨어지는 나뭇잎, 나무는 조용히 손을 놓고 잎을 보낸다. 흙으로 돌아가기 위한 숭고한 시간이라고 애써 외면해도 자꾸만 눈길이 머문다. 저무는 것 기울어지는 것은 쓸쓸한 일이다.

요즘은 일주일에 한 번 정도 밭에 간다. 청신한 한줄기 바람 끝에 한결 선명해진 가을이 보인다. 밀린 일주일치 일거리가 기다리고 있지만 농장을 한 바퀴 둘러보는 일은 이제 습관이 되었다. 일주일 전 초록 콩잎이 누렇게 변하여 까슬까슬해졌고 꼿꼿하게 서 있던 들깨도 쓰러지지 않으려 서로 어깨를 내주며 서 있다. 밭둑 아래 숨었던 늙은 호박 한 덩이 반색을 한다. 매번 밭에 갈 때마다 일주일이란 시간의 힘을 실감한다. 코끝을 스치는 마른 풀 냄새, 가을볕이 물기를 거둬들이고 있다.

간밤에 이불을 끌어 당겨 덮는데 머리맡에서 귀뚜라미가 울었다. 내 몸도 울기 시작했다 로션을 바르고 물을 들이켰지만 좀처럼 가라앉질 않았다. 나는 몇 번 엎치락뒤치락하다 잠이 들었다. 언젠가부터 가려움증에 시달렸다. 이맘때면 부쩍 심하여 긁느라 잠을 설치기도 한다. 피부과에서 건조증이라 했다. 나이가 들면서 나타나는 증상이다. 수분제를 듬뿍 바르고 물을 많이 마시라고 했다. 환절기마다 겪지만 딱히 치료 방법이 없어 이즈음 늘 고통스러운 시간을 보내게 된다. 수시로 핸드크림을 발라도 손바닥은 항상 건조하다. 나이가 들수록 몸에서 점점 물기가 사라져 가랑잎처럼 퍼석거린다. 불기운만 있어도 타 버릴 것 같은 종잇장 같은 몸, 문득 가슴 깊은 곳에서 '파삭' 소리가 들린다.

가을은 꼭 내 나이만큼 가는 계절이다. 혈기와 기개가 사라지자 더 많은 것들이 보인다. 꽃 진 자리에 오래 시선이 머물고 작고 하찮은 것들에 마음이 끌린다. 복잡한 것보다 단순하게, 심각하기보다 가벼워지고 싶다. 정장보다 헐렁한 옷을 입고 격식보다 편안하게 차 한 잔 나누며 솔직 담백한 대화로 소통 할 수 있는 벗이 그립다.

나무가 물기를 덜어 잎을 떨어뜨린다. 하나씩 잎을 버릴 때마다 가벼워지는 나무. 단풍나무가 붉은 색으로 변하는 것은 엽록소라는 물질이 빠져나간 후다, 가장 곱게 물드는 순간 나무는 잎을 떨어뜨린다. 때론 단풍이 꽃보다 곱고 저녁노을이 아름다우며 가을꽃 향기가 더 은은하지 않던가. 모든 살아있는 것들은 시간이 흐르면 생기를 잃고 스러지기 마련이다. 하지만 메마른 육신에 영혼마저 빈집이 되어 버릴까봐 두려운 것이다.

가을 해는 짧다. 부드러운 바람과 햇살 속에 덩달아 순해지는 가을, 같은 하루를 헐어도 더 빠르게 지나간다. 붙잡아 두고 싶지만 움켜 쥔 손가락 사이를 사정없이 빠져나간다. 사과는 단물을 저장하고 벼 이삭은 더 깊이 고개 숙인다. 종일 볕에 몸을 말리며 결실을 준비하는 저들에 비해 거둘 것 없는 내 삶의 가을은 삭막하기만 하다. 해는 저무는데 무얼 준비하고 있는지 허전한 내 곳간을 무엇으로 채울지 돌아보는 시간이 길어진다.

습기 빠진 바람이 마른 피부를 스치며 지날 때마다 내 몸은 다시 울기 시작한다. 보습제를 발라도 별 소용이 없다. 약을 입안에 털어 놓고 물을 마신다. 진통제로 달래는 횟수가 늘어난다. 약 한 봉지에 몸은 울음을 멈추고 조용해졌지만 건들기만 해도 바스러질 것 같다. 물기를 가두려 물 한 컵을 마신다.

그러나 갈라진 손발 사이로 물기는 소리 없이 빠져나간다. 덜어내는 만큼 삶도 홀가분해진다면 나쁘지만은 않을 것이다. 이왕이면 잘 탄 연탄재나 말랑한 곶감처럼 물기를 거둬낼 수 있다면,

욕심을 부려본다.

부스럭거리는 소리에 돌아보니 바람이 마른 깻단을 흔들며 지나간다. 바싹 말라 물기라곤 없는 깻단이 꼭 부둥켜안고 서 있다. 끝까지 남은 온기를 나누며 몸을 기대고 선 모습이 애틋하다. 밤새 뒤척여 핼쑥해진 풀잎은 볕 바라기로 물기를 덜어내고 떨어진 참나무 잎사귀 바람 따라 길을 나선다. 담담하게 따라 나서는 저들에 비해 혼자 초조해 하고 있는 건 아닌지. 얼른 자리를 털고 일어난다. 떠날 채비하는 가을을 잡아보기라도 할 듯이. 그러나 바람은 사정없이 지나가버린다. 불쏘시개라도 할 요량으로 빈 깻단을 한곳으로 모았다. 푸석한 내 손등 위로 가을햇살이 물기를 거둬들이고 있다.

인연을 담그다

박혜원 pkkab47@naver.com

감기기운이 있는 것 같아 생강차를 마시려고 냉장고 문을 열었다. 층층이 자리한 반찬통 아래에 차를 담가 놓은 병들이 보인다. 생강차 하나를 맨 아래층에서 꺼내고 보니 남은 생강차가 하나도 없다. 지인들에게 선물로 하나 둘 주다 보니 정작 내가 마실 게 남지 않았다는 생각에 피식 웃음이 나왔다. 그래도 꽉꽉 눌러 담은 생강은 한참을 마실 것 같다. 또 조금 부족하면 어떤가. 다시 만들면 되는 것을.

생강은 공자가 몸을 따뜻하게 하기 위해 식사 때마다 먹었다고 한다. 하늘과 통하는 음식이며 더럽고 나쁜 것을 제거해 주기 때문이란다. 또 조선 시대 '승정원일기'에도 청나라 사신이 왔을 때 임금에게는 연한 생강차를, 청나라 사신에게는 인삼차를 내놓았다고 한다. 그만큼 생강이 귀하기도 하거니와 몸에 좋았기 때문이 아닐까 싶다.

생강차를 만드는 방법은 보통의 차를 만들 때와 크게 다르지 않다. 탄탄하고 질 좋은 생강을 골라 얇게 편으로 썬다. 그 다음 투명 용기에 생강편과 설탕을 반반의 비율로 켜켜이 담고 7일에서 10일 정도 숙성시키면 된다. 하지만 다른 차나 청보다 생강은 손이 많이 가는 게 사실이다. 육질이 단단하고 굵고 황톳빛이 나는 생강을 골라야 하고, 울퉁불퉁 제각각 발을 뻗친 생강의 껍질을 벗겨내는 일도 만만치 않다. 구석구석 칼이 들어가지 않을 때는 숟가락으로 긁어내기도 한다. 이렇게 생강차 한 번을 담그려면 싱크대가 어질러지긴 기본이요 손가락에 물집이 잡힐 즈음 끝이 나게 된다.

정성이 들어가는 것은 생강차뿐만이 아니다. 향기롭고 달콤한 유자차는 일일이 씨를 빼내는 일이 번거롭고, 기침 감기에 좋은 모과는 껍질이 딱딱해 채썰기가 여간 어렵지 않다. 제일 서툰 게 칼질인 탓에 모과와는 씨름 아닌 씨름을 하게 된다. 또 오미자는 어떤가. 오미자는 문경 축제를 할 때를 놓치게 되면 한 해를 기다려야 돼서 신경이 쓰인다. 올해도 깜박 잊고 때를 놓쳐 담그지 못했으니 남은 오미자로 알뜰살뜰 한 해를 먹어야 한다. 이렇게 정성이 담겨 만들어진 차나 청은 일 년 동안 우리 집 감기를 책임지고, 지인들의 선물용으로 냉장고와 항아리에서 자리를 잡고 기다리게 된다.

차와 청이 며칠 전에도 새로운 주인을 찾아 제 자리를 비웠다. 허심탄회하게 고민을 나누기도 하고 꿈을 응원해주기도 하는 회사 상사에게 명절 선물을 한 것이다. 비록 작은 병 하나지만 정성이 들어간 것이니 좋아해 주지 않을까 해서 생강차를 가지고 갔다. 상사는 내 생각보다 더 차를 좋아했다. 바로 뚜껑을 열어 생강편 몇 조각을 꺼내 와작와작 깨물어 먹었다. 맵지 않고 맛나다며 반기는 모습에 생강껍질 까느라 지저분해졌던 싱크대와 물집 잡혔던 손에 대한 기억이 수챗구멍으로 스르륵 빨려 들어가는 것 같았다.

상사와 같이 만난 중국에서 온 동료 지인에겐 매실청 한 병을 선물했다. 중국에서 일 년마다 나오는 그녀를 위해 매번 오미자청 한 병씩을 선물로 주곤 했었는데 이번에는 제때 담그지 못한 탓에 그것과 비슷한 매실을 들고 간 것이다. 지신도 매실을 담그긴 했지만 내가 준 것은 국산 아니냐고 너스레를 떨며 반갑게 선물을 받았다.

나와 특별한 인연을 맺은 사람들. 인연을 맺기 전의 어색함과 쭈뼛거림은 사라진 지 오래다. 이제는 그들의 첫 모습에서 느꼈던 이미지 대신 깊고 진한 내면을 들여다볼 수 있게 되었다. 그리고 나는 특별한 그들에게, 몸속으로 스며들어 기운을

북돋아 줄 수 있는 인연이 되길 바라며 차를 선물한다.

물기 없는 모과나 알싸하고 매운 향기 가득 품은 생강은 처음에는 설탕과 섞이질 못해 겉돈다. 애초부터 섞일 의향이 없는 것처럼 뻔대는 것이 꼭 처음 만남을 앞에 둔 사람들의 쭈뼛거림 같기도 하다. 처음에는 겉돌지만 차츰 무르익을수록 진해지고 서로 얽혀 하나가 되는 사이. 나에게 인연은 이렇다. 하나가 낯설다며 뻔대면 어떠랴. 또 다른 하나인 설탕이 차츰 녹으면서 그들을 감싸고 안아주면 되는 것을. 그러면 시간의 도움을 받아 원래부터 인연이었다는 듯 서로의 향기를 돋우고 맛의 깊이를 진하게 해주지 않을까.

생강차를 찻잔에 덜고 용기를 냉장고에 넣다 보니 얼마 전에 담갔던 대추차 병이 보인다. 다른 것과 담그는 법이 같겠지 싶어 똑같이 만들었는데 청이 만들어지기는커녕 대추가 설탕을 모두 흡수해버리고 말았다. 망쳐버린 대추차를 보니 좋은 인연이라 믿었던 사람에게 상처를 받고 많이 아팠던 기억이 떠올랐다. 가끔은 잘못된 인연으로 힘들어지기도 하지만 그것 역시 삶을 배우는 과정일 것이다. 새롭게 만드는 인연은 달콤하지만은 않을 수 있다. 때론 퍽퍽하기도, 떫기도, 쓰기도 할 것이다. 그리고 나는 그것을 통해 더 좋은 인연 만드는 법을 배우게 되겠지.

설탕이 묻어있는 대추 몇 조각을 꺼내 생강차 위에 띄웠다. 따뜻하고 감사한 인연들 위에 얹어진 잘못된 인연 하나가 오히려 더 조화로운 모습을 보인다. 대추의 구수한 향이 생강차의 알싸함을 가라앉히며 깊은 향기를 더해주는 것 같다. 내가 지인에게 선물한 차에서도 깊고 향기로운 맛이 우러나오길 바라며 차 한 잔을 마신다.

서쪽으로 가다

추경선 choo1122@naver.com

첫 마음을 놓쳤다고 느낄 때 새벽을 달린다. 누가 기다리는 것도 아니다. 누군가 나를 오라 부른 건 더더욱 아니지만 무조건 찾아간다. 그렇게 나선 발걸음은 서쪽에 있는 어느 작은 항구, 어둠이 채 가시지 않은 바닷가에 멈췄다.

해가 뜬다는 불변의 법칙 앞에서도 때때로 의심을 한다.

'오늘 해가 뜰까?' 안개가 드리워진 바다는 아무것도 보이지 않는다. 기다려야 하는 일밖에 할 수 있는 것이 없다.

시간은 제대로 맞추었다. 곧 해가 떠오를 모양이다. 망망한 바다 끝에서 해가 떠오르고 있다는 것을 의심할 여지없이 빛이 구름 위로 뻗쳤다. 어느새 붉게 물들어 있는 구름이 더없이 따뜻하게 다가왔다. 모든 것을 흡수할 듯 달려들던 안개의 존재는 빠르게 자취를 감췄다.

갈매기가 유유히 날아오르다 방향을 돌린다. 멋진 자태로 급선회를 반복하는 갈매기들의 비행, 따스한 기온이 느껴진 걸까. 빛이 눈부신 걸까. 그들의 방식대로 하루를 시작하는 몸짓인걸까.

파도가 높게 일렁인다. 바람이 지휘하고 바닷물이 노래한다. 새벽의 정적을 깨우는 노랫소리는 퍼져갔다. 아직 잠자리에서 일어나기 싫은 고깃배들은 잠자는 척 고요했다. 가끔 파도가 와서 깨워도 살짝 흔들리다 이내 또 모르는 척한다.

아침이 시작되었다. 바다를 지키는 사람도, 잠시 여행길에 오른 나그네도, 갈매기들도 해를 맞이한다. 드디어 드러냈다.

아! 짧은 감탄사가 터져 나온다. 해는 점점 크게, 점점 눈부시게 다가온다. 온도계 눈금보다 마음으로 느끼는 상승온도가 더 높겠다. 반가운 사람을 만난 듯 설레는 마음이지만 그냥 오롯이 마주보고 서 있다. 생각도 발걸음도 잠시 쉬고, 아침의 한 풍경화 속 정물처럼 그렇게 잠시 멈춰 서서 자리를 채웠다.

평온을 유지하는 자연 속에 변함없어 보이는 사람들의 일상이 있다. 조금 무감각하게 보이는 곳에서 살아 있음을 배운다. 썰물일 때는 조개를 캐고 밀물일 때는 배를 타고 나가는 사람들을 보았다. 조건을 탓하지 않는 것이다.

'산다는 것은 소리가 아니고 고요한 풍경인 것이다.' 라고 감히 정의를 내렸다.

새해 첫날, 많은 사람들이 동쪽으로 향한다. 그때 나는 청개구리처럼 서쪽으로 향한다. 첫 의도는 시간적 여유를 놓친 단순한 이유였다. 서쪽에서도 해맞이를 할 수 있다는 사실이 신기했고, 고정된 생각을 깨뜨리는 즐거움도 한몫했다. 힘들게 나선 하루의 여정에서 해돋이와 해넘이를 동시에 할 수 있다는 계산도 더했다.

그렇게 만났던 서해바다. 그 첫 기억을 오래 간직하게 될 줄 그때는 몰랐다. 서쪽으로 향하는 길에서는 예상치 못한 변수를 종종 만났다. 가장 난감했던 기억은 아마도 안개였으리라. 수시로 변하는 날씨도 무시할 수 없었다. 속도를 제어해야 했다. 때로는 혼자라는 두려움 속에서 무작정 기다려야하는 일도 있었다. 그렇게 찾은 서해의 첫인상, 그동안 막연하게 갖고 있던 바다의 낭만을 몽땅 버렸다. 썰물 때 드러난 갯벌의 적나라함 앞에서 내 삶의 바닥을 보는 듯 먹먹했고, 밀려오는 파도의 무심한 출렁거림이 무섭게 느껴졌다. 서로의 치부를 들춰냈다가도 언제 그랬느냐는 듯 필요에 따라 덮어주기도 하는 사람들의 행태와 닮았다는 생각에 외면하고 싶었던 모습이었다.

아이러니하다. 낯설고 무서운 첫인상의 그 곳이 내 삶의 배움터가 되다니. 아무런 연고도 없는 무심하고 낯선 그 곳을 찾으며 내 삶의 방향이 바뀌어 갔다. 더 나아가 내 삶의 질에 대하여 고민하는 시간이 늘어났다. 시나브로 내 마음은 서쪽에 자리를 잡았다.

웅장하고 화려하지는 않지만 새해의 수줍은 첫 해맞이를 한 지 어느 새 두어 달 지났다. 그새 무엇을 결심하고 무엇을 스스로 약속했었는지 가물가물. 첫 마음을 잃어버린 채 느슨해진 마음만 너풀거리고 있었다.

크고 부푼 꿈은 아니라도 분명 목적지가 있었다. 포기한 것은 아니었다. 발을 떼지 못했다. 스스로 정한 일이었다. 다른 누가 아는 것도 아니니 설령 안해도 부끄럽진 않다. 그래도 이렇게 슬쩍 주저앉는 건 아니지 싶었다.

또 서쪽을 향한 이유였다. 새벽을 달려가 떠오르는 태양을 향해 두 번째 도전장을 내밀었다. 매일 아침 다시 떠오르는 태양처럼 나도 다시 시작하면 되지 않겠냐고.

늘 그렇듯이 살아가는 일은 어렵다. 보일 듯도 하고 알 듯도 한데 때때로 안개 속을 걷는다.

커튼을 젖히면 분명하게 보일 줄 알았다. 눈 크게 뜨고 때로는 눈 비비고 다시 봐도 성에 차지 않는 불완전의 연속이다. 완전을 향해 걷는 과정이 삶이라고 말한다. 하루하루 걷는 무심의 움직임이 긴 흔적을 남긴다고 말해주는 이도 있다. 산다는 것은 그냥 열심히 살면 되는 것일까. 열심만으로는 분명 부족하다. 그걸 찾아야겠다.

어김없이 뜨는 해처럼 나도 어김없이 하루를 산다. 어제의 태양과 다르다고 아침 해를 맞이하듯 나의 일상도 어제와는 다른 오늘이라고 믿는다.

내일도 해는 뜬다. 그래도 오늘의 해 아래 삶은 하나. 오늘의 빛깔로 색칠한다.

책상을 정리하며

서정화 s2ksook@hanmail.net

내가 거처하는 방은 세 평 남짓하다.

책꽂이에는 책이 빼곡하고 책상에는 돋보기와 인공 눈물병, 오래 사용하여 칠 벗겨진 파커 볼펜 등이 담긴 필통이 놓였다. 그 옆에는 손녀가 체험학습 시간에 만든 제 주먹만한 목각 고양이가 얌전하게 앉아 있다. 책상 앞에서 필요할 때 손을 뻗치면 편히 잡을 수 있는 위치다. 오늘은 그동안 망설이며 미루던 책상을 정리하리라 생각하며 사소한 물건들 하나하나를 눈여겨본다.

스크랩하려고 오려둔 신문 조각이 수북이 쌓인 책상 옆 보조 상자를 잠시 바라보다 서랍을 열었다. 가지런히 정리된 해묵은 수첩들이 눈에 들어온다.

오랜 세월 스쳐간 일상이 깨알처럼 박혔을 수첩 한 권을 뽑아 들고 손 가는대로 펼쳤다. 한 여름 더위를 식히며 대충 적었을 두 줄 메모가 눈에 들어온다.

–선풍기도 지쳤나 보다. 물 먹은 후덥지근한 공기를 끈질기게 휘젓는 선풍기 날개–

그해 여름은 더위가 극심했나 보다. 몇 장 뒤로 넘겼다.

–장마. 지루하다. 오늘은 부추전을 했다. 조개도 다져넣고 고추장도 풀었다. 왜 장마철에는 부침개가 더 맛있을까 –

수첩 여기저기를 훑어보다가 오래전이나 오늘의 일상이 별 차이 없다는 사실에 문득 허무한 느낌이 가슴을 친다.

수십 년 세월이 나를 관통하며 지나는 동안 주름살이 이마에 줄을 긋고 등도 굽었다. 시간은 내 안에 머물러 있고 나는 시간에 잡혔다.

수첩에서 발견한 지나간 시간이 불쑥 추억으로 튕겨 나온다.

나는 그 추억들을 잡고 싶지 않다. 튕겨져 나온 시간들을 밀어내며 겨울 추위를 재촉하는 빗줄기를 바라보다 수첩들을 방바닥에 쏟았다.

수첩 밑에는 해묵은 사진들이 몇 장 눌려 있다. 사진 속 인물이 '나'인가? 생경하다. 웃는 모습이 어느 탤런트를 닮았다던 친구의 말과 함께 영정 사진으로 사용하면 조문객이 알아볼 수는 있을까 하는 생각이 동시에 일어난다.

책상을 정리하기 전에 고추장을 푼 부침개부터 해먹으려고 주방으로 들어섰다. 밀가루를 적당히 풀어 애호박과 부추, 양파도 채썰어 넣고 고추장으로 간을 맞춘다. 고추장 부침개는 매콤하고 달달한 맛이 어우러져 느끼하지 않다. 부추전으로 점심을 때우고 분리수거용 봉투를 준비했다. 서랍 속 물건들을 하나씩 봉투에 넣었다. 사진, 수첩, 명함, 편지와 엽서, 이젠 기억조차 희미한 각종 전람회 홍보지 등. 필기구들도 수두룩하다.

수거용 봉투에 던져지는 물건들은 일상의 토막들이며 다시는 머물 수 없는 시간의 잔해다. 가슴속에 가득 찬 미련을 들어내는 심정이 이러할까. 아무도 옆에 없건만 애증이나 미움, 그리움 같은 감정의 밑바닥을 누군가에게 들켰을 때처럼 부끄럽기까지 하다. 먼지까지 탁탁 털어낸 서랍은 텅 빈 머릿속처럼 공허하다.

며칠 전부터 심하게 어지러운 증상이 내 육신을 괴롭혔다. 의사의 처방으로 먹은 하얀 알약 효과인지 차츰 가라앉는다. 뇌경색의 전조 증상이 아닐까 하는 의구심에 초음파 검사며 MRI 촬영 등 호들갑을 떨었다. 증상을 좀 더 두고 보자는 의사의 말에 문득 어지럽다는 말을 자주하던 어머니의 쇠잔한 모습이 떠올랐다. 나는 그 말을 귀 밖으로 흘려들었다. 그토록 철없이 무심했던 게 죄책감으로 달려든다. 책상을 정리하며 무엇으로도 대체할 수 없는 회한에 휩싸인다.

나에게 책상은 수많은 이야기를 간직한 보물창고다. 하루를 살고 그날을 정리하는 시간이면 책상 앞에 앉는다. 메모하고, 일기 쓰고, 계획을 세우고, 심지어 화가 날 때도 책상을 마주한다. 꿈이 자랐고 미움을 삭혔으며 용서와 화해의 지혜를 배운 자리다. 소소한 성취의 기쁨이나 실패의 위로를 받기도 했다. 기도하며 흘린 눈물도 받아주고 소원이나 사랑을 묵묵히 들어주는, 책상은 더할 나위 없는 좋은 친구다.

쓰레기봉투를 힘주어 들었다. 내 사색의 편린들이 쓰레기가 되었다. 어느 날 갑자기 이 육신도 쓰레기가 되어 자연에 흡수될 때 남기고 갈 것이 없어야 한다는 생각에서다. 삶의 남은 시간에 대한 기대와 가슴 밑바닥으로 흐르는 눈물까지 봉투에 쏟아 붓는 심정으로 현관을 나섰다.

마치 등짝에 붙어 있던 모든 짐을 내려놓은 듯 홀가분하다.

이 홀가분한 느낌으로 내 앞에 다가오는 시간을 받아 드리리라.

타임캡슐 속의 하루

석성득 ssd6312@naver.com

모처럼 주말 나들이로 가족과 함께 남산골 한옥마을을 찾았다. 한옥 주거 밀집지역으로 잘 알려진 북촌 한옥마을과는 달리 남산골 한옥마을은 서울의 팔대가로 불려오던 사대부가부터 일반 평민의 집에 이르기까지 조선시대 한옥 그대로를 복원해서 옮겨 놓은 것이 특징이다. 한옥마을에 들어서면 제일 먼저 눈에 띄는 것이 기품 있게 서 있는 천우각이다. 전각에 올라가 아래를 내려다보면 황금빛 잉어가 노는 연못을 배경으로 옛 선비들의 풍류가 그려진다. 잿빛 기와가 층층이 미소 짓고 있는 골목을 따라 걷다 보면 부마도위 박영효가옥, 해풍부원군 윤택영재실, 도편수 이승업가옥이 있고, 서울 팔대가의 가옥과는 달리 유일하게 평민 집인 스물다섯 평 규모의 오위장 김춘영가옥도 한 채 있다, 눈에 띄는 것은 윤택영의 딸이었던 순종의 황후인 윤씨가 열세 살에 동궁계비로 책봉되기 전까지 살았던 육십 여덟 평 규모의 친가이다. 네모난 마당을 중심으로 방이 열네 칸, 부엌이 한 칸, 그리고 대문으로 이루어져 있는데 빈틈 하나 없는 미음자형 구조가 보기 드문 가옥 형태이다. 또한 어릴 적 순종효황후의 지체 높은 가문을 상징하듯 삼단으로 된 기단*이 어느 한옥 돌계단보다 높다. 대청마루에서 "여봐라!, 게 누구 없느냐?" 윤씨 아버님이 호령하는 듯한 목소리에 금방이라도 마당쇠가 "네, 대감마님!" 하며 달려 나와 허리를 조아릴 것만 같다.

바로 옆, 부마도위 박영효가옥에서는 잔치를 하고 있다. 삼현육각을 연주하는 소리가 남산골 한옥 마당에 그윽하게 울려 퍼졌다. 전통혼례 시연 중이었다. 홀기*를 든 주례사가 혼례식을 선언하자 색동한복을 곱게 차려입은 여자아이가 청사초롱을 들고 길을 열었다. 그 뒤를 따라서 신랑은 나무기러기 한 마리를 안고 걸어 나왔다. 혼례에서 기러기의 상징은 의미가 깊다. 기러기는 일생을 자기 짝만 사랑하다가 한 마리가 죽어도 재혼하지 않으며 상,하의 위계질서를 잘 지킨다는 뜻이 담겨 있다. 신랑이 나무기러기를 들고 신부의 집으로 들어가는 전안례를 시작으로 신랑 신부가 맞절을 하는 교배례, 마음과 몸을 정갈하게 한다는 의미로 손을 씻는 관세례, 변함없이 잘 살겠다는 서약식의 서배우례, 표주박으로 술을 나누어 마심으로 하나가 되었다는 합근례의 순서로 예식이 진행되었다. 혼례 상 위에는 오색 떡과 대추, 밤, 촛불이 조용히 타오르고 인생의 출발을 알리는 나무로 된 한 쌍의 닭도 붉고 푸른 보자기에 싸여있다. 음양의 조화가 완벽하게 이루어져 있는 것 중의 하나가 전통혼례라고 한다. 예식을 지켜보면서 붉고 푸른빛의 조화로움에 반했던 시간이다.

때마침 이 날 해풍부원군 윤택영재실 마당에서는 경주 최부잣집의 전통음식과 함께 붓글씨로 써 내려간 종가의 먹빛 가훈이 발걸음을 멈추게 했다. 백자에 잣을 띄운 오미자의 붉은 향을 음미하며 육훈과 육연을 조용히 읊조려 보았다. 경주 최부잣집은 십 대를 걸쳐 삼백 년간 부를 이어온 우리나라 부의 상징인 명문 종가이다. 그 정신의 기둥이 된 것이 집안을 다스리는 가훈인 육훈六訓과 자신의 몸을 닦는 육연六然에 있다. 육훈을 통해 부를 이루는 근본이 검소함, 절제, 나눔에 있다고 한다. 이 날 종가를 소개한 최부잣집 종손은 "재물은 분뇨와 같아서 한 곳에 모아두면 악취가 나지만 땅에 골고루 뿌리면 정말로 좋은 거름이 되지요." 라고 말했다. 이 말을 듣는 순간 어떻게 사는 게 정말로 잘 사는 것일까 막연히 생각했던

부富에 대해서 한참 동안 되새김질해 보았다. 아무리 작은 것이라도 서로 나누며 사는 것이 부의 출발, 즉 진정한 노블레스 오블리주를 실천하는 것이 아닐까 아이 손을 꼭 쥐면서 생각했다.

한옥의 곡선에 취해 걷다보니 남산에서 불어오는 초록바람이 상큼하다. 천우각 앞마당에서는 굴렁쇠 굴리기가 한창이다. 아빠는 추억을 굴리고 아이는 동그라미를 쫓는다. 발길 머문 곳마다 툭! 툭! 떡치는 소리, 휘! 휘! 그네 타는 소리, 도야! 모야! 윷놀이가 한창이다. 바쁜 도심의 일상을 뒤로 하고 남산골한옥마을에서 머문 시간은 타임머신을 타고 조선시대 마당 한복판을 거닐다 온 것 같다. 남산골 정원 끝자락에는 '서울천년타임캡슐'이 있다. 서울을 대표하는 문물 육백 점을 거대한 캡슐에 담아 놓았다. 천년이 지난 뒤 후손들이 개봉하도록 만든 것이다. 바위처럼 입 다문 캡슐을 보면서 천년 후의 표정들이 궁금해진다.

*기단: 건축물의 터를 반듯하게 다듬은 다음에 터보다 한 층 높게 쌓은 단.

*홀기: 혼례나 제례 때 식순을 기록해 놓은 글, 홀이라고도 함.

낯설음에 기대기

김숙경 kskprtty@hanmail.net

세상은 온통 낯선 게 많다. 익숙하지 않은 사람, 익숙하지 않은 길, 익숙하지 않은 사람들과 낯선 곳으로 여행, 그러기에 떠난다는 것은 용기가 필요했다. 친밀하다고 느끼지 않으면 선뜻 움직여지지 않는 여행을 다녀왔다. 이른 아침 길을 나서면서 모든 게 낯설어 잘 섞이지 못하면 어쩌나 내심 걱정하면서 떠났다. 닥치지 않은 상황에 지레 겁먹는 일을 아직도 못 버리고 있다.

교통편을 걱정하는 내게 광명역 까지 기꺼이 수고로움을 자청해주는 남편 덕분에 이른 아침 오붓한 드라이브를 했다. 내려주고 돌아가는 남편의 차를 바라보며 길 잃은 아이처럼 초조해진 기분이 들었다. 공항의 일부분을 옮겨다 놓은 듯하다. 넓은 역사, 그 공간으로 들어선 나는 벌써부터 위축감을 느꼈다. 커피 한 잔을 마시고 싶어도 예약해놓은 기차를 놓칠까봐 걱정이기도 했지만 일행이 보이지 않아서 초조한 마음이 컸다. 무조건 8시 ktx부산행이라는 시간만 알았지 어쩌면 가지 않을 수도 있다고 생각했기에 일행이며 누가 가는지 인원이 몇인가도 묻지 않았었다. 내가 알고 있는 문우들이 있었다면 상황이 조금 달라졌을라나. 언제나 이런 식의 나는 늘 준비 없는 모습이다.

살아간다는 일이 시詩 같다. 내게는 늘 낯선 모습, 해석을 해주거나 비유를 들어주지 않으면 쉽게 알아들을 수 없는 그런 것. 누군가를 만나는 일이 시처럼 그렇게 어렵고 복잡하다. 알면 금방 이해되어 다가오는데 내게는 만남도 그런 것 같다. 처음에는 두려움부터 든다. 잘 섞이지 못하면 어쩌나 하는 그런 걱정, 잘 알고 있는 사람들이 없다고 생각하면 불안해지는 강도는 크다. 조금만 지나면 격의 없고 친근해지는데 나는 늘 그런 염려로 마음이 산만하다. 버리지 못한다. 그런 의미의 이번 동서문학회 부산여행은 나 자신을 던지기위한 과감한 연습 같은 것 이었다.

부산의 봄꽃들은 어느새 낭창낭창 늘어져 있었다. 봄이 일찍 찾아오는 따듯한 남녘다웠다. 능수벚꽃이 그랬고 활짝 만개한 목련이 그랬고 개나리가 그랬다. 동백꽃은 이미 화색을 잃어가고 있었지만 푸른 잎 속에서 남은 몇 개의 꽃이 기개를 잃지 않고 있었다. 제 2의 수도답게 번화한 도시, 높이 치솟아 있는 고층아파트가 밀집되어 있지만 바다가 있는 도시이기에 아름다운 여유를 주는 것 같다. 아침안개에 묻힌 광안대교를 달릴 땐 바다를 보지 못 보지만 오후가 되면서 서서히 걷히는 안개는 점점 투명한 시야를 안겨주었다. 꽃의 색깔들이 선명해지듯 우리 일행들의 마음도 문우애로 다져가고 있었다. 낯설고 어색한 모습에서 한걸음 빠져 나왔다. 나만 덜 핀 꽃처럼 쭈뼛거렸을 뿐이었다.

바다가 보이는 해운대 10층 숙소에 둘러앉아 서로를 소개하는 시간을 가졌다. 자신을 기록한 내용들을 꺼내놓는 순간이었다. 열네 명 누구하나 화려하지 않은 이력은 없었다. 젊은 사람은 젊어서 가진 이력이 탄탄했고 지혜와 연륜으로 다져진 문우님에게서는 지난날 삶의 모습이 우리에게 곱고 해박하게 늙어갈 것을 추구하는 아름다움을 남겨주었다. 낯설기도 하고 혹은 익숙하기도 한 사람들에게서 배우는 그들만의 열망과 갈망들은 무척 단단해 보였다. 그들의 쉬지 않고 다져가는 모습은 항상 안주하던 나 자신을 채찍질하게 했다. 시, 수필, 소설, 아동문학 등 장르를 구분 없이 넘나드는 그들의 넘치는 에너지의 기를 받고 온 것은 이번 여행에서 얻은 하나의 성과다. 욕심을 가져야겠다는 생각을 했다.

아는 것이 많다는 것은 그만큼 자기 자신을 갈고 닦기 위해 내공의 깊이가 넓은 사람은 아닐까 하는 생각이 들었다. 문학적 허영으로 비춰지는 일들을 경계하는 사람들의 확고한 이론에 잠시 지조 없는 나의 문학관을 살짝 뒤집어 보는 계기도 있었다. 타이틀을 주렁주렁 달고 싶어 하는 부류는 아니었는가. 실력보다는 그런 것들에 매달려 온건 아닌지. 순간 뜨끔해진 순간이었다. 자기만족의 글쓰기에서 벗어나지 못한 건 사실이었다. 기록처럼 일관된 신변잡기에서 손을 떼려면 아직도 먼듯한 내 수필세계가 말해준다. 살아가는 내 역사를 기록하고 주변의 일상들을 잊지 않았으면 해서 쓰는 일이 내가 생각하는 문학이기도 하다. 건조한 글쓰기보다는 촉촉하고 격의 없는 작가와의 일부를 소통하는 그런 잔잔한 모습들을 그려내고 싶은 것이 작은 소망이다.

낯설기의 도전에서 건진 말, 아무리 화려한 삶일지라도 그건 저들 일부의 삶일 뿐이지 문학을 통해서 만났기 때문에 문학 외에는 생각하지 말라고 이야기 해 준다. 분명 그 말 이전에 나는 나도 모르게 내 이력에 소심함을 들어냈던 것 같다. 자신만의 소신이 필요한 글 쓰는 일이 중요하다는 말이 인상적이었다. 나 아닌 그들도 그들만의 세계에는 이렇듯 들끓고 있는 자기만의 함성이 있는지. 상대를 보며 내면의 부족함을 탓하는 일들이 있는지 알 수 없지만 어떤 대상을 통해서 자기 자신을 점검하는 일은 소중한 일이라는 생각이 든다. 가끔은 한 번씩 낯선 대상들과 소통해볼 일인 것 같다.

석모도의 노을

김상기 rancho413@hanmail.net

분명 꿈은 아니었다.

뼈대만 남은 갈대가 지천인 석모도의 겨울 바닷가를 걷고 있었다. 내 옆에는 여행을 너무 좋아하는 언니가 말없이 나를 따라왔다.

바다는 겨울바람을 타고 흔들리며 한껏 목 놓아 울고 있는데 석모도 들녘에서 봄나물을 찾아 두리번거리는 언니와 나. 봄은 눈곱도 씻지 않았는데 땅속에서 우두둑 우두둑 요동치는 소리가 들리는 것만 같다.

힘껏 땅을 파헤치니 푸석푸석한 땅속에서 냉이 뿌리가 호미 따라 걸려온다. 한 겨우내 땅속에 퍼질러 자다가 내 손에 머리가 잡혀 끌려 나온다. 싱싱하고 향긋한 냄새에 엉덩이가 들썩여진다. 평소에는 그렇게도 말이 많던 언니는 조용히 나를 응시하기만 한다. 언니의 손을 잡고 바닷가로 발길을 옮겼다.

서해 노을은 참 슬프다. 보아주는 이 없어 더욱 아리따운 아낙 같은 노을…. 누군가 삶을 마감하는 듯 붉은 노을이 가슴을 아리게 한다.

서해 갯벌을 단숨에 달구어 놓고 순식간에 자취를 감추는 노을이 내 얼굴을 붉게 물들인다. 서럽도록 곱고 아름다운 저녁노을에 마음이 내려 앉는다. 갑자기 목울대가 뜨거워진다.

그때 바람이 불었다. 갈대가 서걱대며 흐느끼는 듯했다. 멀리 날아가는 갈매기들의 울음소리가 아득해져 올 때, 나는 나직이 언니를 불렀다.

여전히 내 옆을 무심히 따라오는 언니, 바닷물 속으로 발걸음을 옮기는 언니를 부르다 놀라 깨어보니 꿈이었던 것을….

아직도 겨울의 끝자락은 멀기만 한데 언니와의 흔적을 찾고 싶어 강화도 여행을 소풍삼아 떠났다. 외포리에서 배를 탔다. 뱃머리를 따라 맴도는 갈매기들의 울음소리는 옛날과 변함없고 내 머리 위에서 공중돌기를 하고 멀리 사라지는 것도 여전히 똑같다. 날씨는 맑고 바람 없이 고요하다.

이 길이 몇 년 만인가. 나는 바다 옆으로 멋진 둘레길이 있지만 일부러 옛길로 접어 들었다. 갯벌 옆으로 울퉁불퉁한 못난 길이었지만 손보지 못한 갈대 잎들이 친구가 되어 쫓아온다.

꿈에서 보았던 갯가로 발길을 옮겨본다. 아직 삭막한 풍경이었지만 옆에 보이는 바다는 봄 향기가 가득한 초록바다였다. 바닷물이 빠진 갯벌에는 붉은 나문제라는 갯벌 나물이 꽃밭을 이루고 있었다. 나문제를 한잎 두잎 뜯어 언니와 함께 나물로 무쳐 먹었던 그리움의 마음에 울컥 보고픔이 치밀어 오른다.

금빛 햇살이 떨어져 내리는 갈대밭 위로 하늘은 눈이 시리도록 파랗게 빛난다. 생명의 젖줄인 바다가 품은 차가운 바람맛에서 봄의 속삭임이 들려오는 것만 같다.

갑자기 어디선가 커피향이 코끝에 스민다. 언니 냄새가 난다. 바닷가에 조그마한 커피숍으로 발길을 옮긴다. 커피 두잔을 주문했다. 탁자 반대편에 한잔을 따로 놓았다. 언니 몫의 커피였다. 잘못된 수술로 인해 언니를 떠나보내고 같이 앉아 있던 이곳에 오게 될 줄이야.

언니가 앉았던 자리에는 내가 앉고 내가 앉았던 곳에는 그렇게도 좋아했던 언니의 커피를 올려 놓았다.

병실에 누워 "상기야, 휴지에 커피를 적셔서 내 코에 붙여주렴." 코에 붙여진 휴지를 벌름거리며 깊게 숨을 들여마시던 언니.

"동생아 정말 맛있구나."

잠시나마 통증을 잊어버린 듯 웃음이 번졌던 언니 모습이 이곳 녹색 바다에 사피이어처럼 빛을 뿌리며 떠다니는 것 같다.

어느 사이 해는 자신의 둥지를 찾아 떠나고 석모도의 하늘에는 새로운 살빛 달이 떠있다.

바다 끝을 향해 우뚝 선다.

붉게 타오르던 해무리가 커다란 산호덩이가 되어 나에게로 쏟아진다. 아름다운 석모도의 노을이다. 그 노을 속으로 커피잔을 들고 있는 가냘픈 언니 모습이 아른거린다.

숯불 다리미

박경옥 beron1220@naver.com

푸른 녹이 점점이 박혀 있다. 큰 대접 크기의 둘레는 세월을 곡선으로 돌아가다 멈칫거린 흔적처럼 울퉁불퉁 꺾여 있다. 손때가 잔뜩 묻은 낡은 나무 손잡이는 이미 덜컹거리며 자루 끝 못 하나에 의지 하고 있다. 뜨거운 불을 끌어안고 시름처럼 구겨진 주름을 펴주던 바깥 바닥은 아직도 군데군데 반질거린다. 세월은 얼마나 흘렀을까. 몇 십 년이 지났는지 가늠하기도 힘들지만 그 반들거림은 잊히고 싶지 않은 기억의 흔적인지도 모른다. 오랜 세월을 뜨겁게 견디어 낸 흔적치고는 밑바닥의 매끄러움이 너무도 곱다.

우리 집 베란다 창가에 세워둔 이 숯불 다리미는 짐작컨대 나이가 70여 년은 넘었을 듯싶다. 외할머니가 엄마와 함께 쓰셨고 또 엄마와 내가 함께 썼던 손때가 묻은 기억들, 그 추억을 간직하고 싶어 내가 시집올 때 인두와 함께 챙겨 가지고 왔던 물건이다. 낡아빠져 보잘 것 없는 이 다리미를 나는 가끔씩 베란다에 앉아 물끄러미 바라보거나 밑바닥의 매끄러움을 쓰다듬어 보곤 한다. 결코 순탄치 않았던 외할머니의 힘겨운 삶이 푸른 녹처럼 피어나기도 하고 모녀가 함께 앉아 뜨거운 숯불 다리미를 밀며 지난 이야기들을 펼쳐놓고 있는 모습이 떠오르기도 한다.

외할머니는 슬하에 아들 둘에 딸 둘을 두셨다. 큰 아들은 결혼을 하면서 집 근처로 독립을 시켰는데 며느리가 아들 하나를 낳고부터 가끔씩 이상한 행동을 보이기 시작했다. 비오는 날이면 밖으로 나가 남의 집 빨래를 걷어 온다거나 혼자서 어딘가를 쏘다니다 들어오는 것을 반복 하더니 급기야는 돌이 갓 지난 아들과 남편을 두고 집을 나갔다. 몇 년이 지나 어디선가 재혼을 했다는 소식을 들었는데 잊을만하면 한 번씩 나타나서 집안을 발칵 뒤집어 놓고 가곤 했다. 제 정신이 아닌데다가 집안 장손을 낳았고 한때는 한 가족이었던 사람을 차마 쫓아 낼 수는 없어 올 때마다 밥도 먹이고 재워주고를 반복 했다. 새 외숙모나 외삼촌도 어찌 할 수 없는 운명적 관계를 받아들여야 했다. 외할머니는 겉으로 내색도 못하시고 늘 양쪽을 다독이시며 속으로만 가슴앓이를 하셨다. 외할머니의 화는 그때부터 가슴에 얹혀살았던 것 같다. 늘 가슴에 불이 있는 것 같다는 말씀을 자주 하셨다.

4남매 중 막내인 작은 외삼촌은 동네 처녀와 연애를 하다가 결혼식은 전통 혼례식으로 치렀다. 연지곤지 찍고 마당 넓은 농장 집에서 외삼촌과 수줍게 맞절하던 모습으로 나씨 가문과 인연을 맺었다. 작은 외숙모는 음식도 잘하고 농사일도 잘했으며 인정도 많아 사람들이 늘 따랐다. 방학 때마다 우리들을 데리고 읍내 양장점에서 원피스를 맞추어 주는 등 씀씀이가 컸다. 그런데 그것이 큰 화를 부를 줄은 집안 식구 아무도 몰랐다.

어느 날 빚쟁이들이 들이닥쳤다. 외숙모는 식구들 몰래 친정 남동생 빚보증을 섰다가 이자에 이자가 불어 감당 할 수가 없자 가출을 하고 말았다. 그러나 이것은 시작에 불과 한 것이었다. 빚을 갚고 나면 집에 들어왔다가 어느새 또 빚쟁이들이 찾아오고 또 나가고, 여덟 명의 자식을 낳을 때 까지 반복 된 외숙모의 숱한 가출은 우리 집에도 그 피해가 미쳤다. 두 살 터울 손자손녀들을 키우면서 농사일까지 해야 하는 할머니를 돕기 위해 맏딸인 엄마는 김제 외갓집을 수시로 드나들어야 했다. 바쁜 농사철에는 아예 며칠씩 외가에서 보냈다. 할머니와 삼촌은 자식들 때문에 할 수 없이 논밭을 팔아 빚을 갚아 주었지만 밑 빠진 독에 물 붓기였다. 할머니는 화병으로 자리에 눕고 삼촌은 마시지 못하는 술을 매일 마시게 되었다.

방학 마다 외가에 갔던 나는 겉으로 표현하지 못하고 가슴앓이 하는 외할머니와 삼촌이 어린나이에도 너무 안쓰러웠다. 그러면서 끊임없이 외숙모를 용서하고 받아 들였던 이유는 무엇이었을까. 숯불다리미의 뜨거운 힘에 주름이 펴지는 것처럼 시름 또한 언젠가는 펴질 것이라는 희망을 가졌기 때문이 아닐까.

외숙모는 결국 막내가 중학교에 들어갈 즈음 영영 돌아오지 않았다. 아니 어쩌면 돌아올 수 없었는지도 모른다. 외할머니는 막내손자가 대학에 입학 하는 걸 보고서야 가슴에 불덩어리를 안고 92세를 일기로 세상을 뜨셨다. 큰 아들을 일찍 가슴에 묻고 돌아가실 때까지 며느리들 때문에 늘 화를 안고 사셨던 외할머니, 작은 아들의 알코올 중독을 지켜보시면서 여덟이나 되는 손자들을 키워야 했던 외할머니의 삶은 어쩌면 다리미 안에서 타고 있는 숯불보다 더 뜨거웠는지 모른다.

내가 어렸을 때 엄마는 늘 숯불 다리미로 다림질을 하셨다. 장작불로 저녁을 짓고 나면 불기가 벌겋게 남은 숯이 남았다. 국자처럼 움푹 들어간 쇠로 된 다리미에 숯을 담아 이불 호청도 다리고 옷도 다렸다. 양손을 벌려 빨래를 잡고 있으면 엄마는 대접에 있는 물을 입안에 가득 머금었다가 구겨진 빨래에 확 뿜었다. 숯불이 벌건 다리미를 대고 쓱쓱 문지르면 주름이 시원스레 쫙쫙 펴지면서 김이 모락모락 피어났다.

엄마는 다림질을 할 때 마다 늘 외할머니 이야기를 하셨다. 한숨을 쉬며 '며느리 복 없는 불쌍한 울 엄니'를 수없이 반복하면서 눈물 바람을 하셨다. 엄마 어렸을 때 외할머니와 함께 그렇게 다림질을 하면서 옛날이야기를 들었던 것처럼 딸과 함께 다림질 할 때 엄마는 무슨 생각을 하셨을까 아마도 숯불 다리미 지나간 자리에 펴진 주름처럼 할머니의 시름이 다 펴지기를 바라신건 아닐까. 새로 나온 다리미에 밀려 숯불 다리미를 쓰지 않게 되었을 때 손잡이에 구멍을 뚫어 벽에 걸어 놓았다. 세월이 흐르면서 다리미에는 푸른 녹이 돋아나기 시작했다.

십년이 몇 번을 더 지났다. 베란다에 세워져 있는 숯불다리를 물끄러미 바라본다. 이제는 그 녹슨 흔적마저 스러져가고 있지만 아직도 숯을 넣으면 빨간 불꽃이 뜨겁게 타오를 것이다. 구순이 넘은 엄마의 가슴엔 결코 다리미로는 펼 수 없었던 외할머니의 깊은 시름이 아직도 남아 있을까. 숯불의 힘이 아무리 뜨겁다 해도 결국 식어버리면 재만 남는다. 우리네 삶 또한 타고 남은 잿불 같은 것이다. 숱한 세월의 흔적으로 다리미의 한 면이 반질거리듯 시름으로 얼룩진 지난 삶의 흔적도 그렇게 어디선가 둥글게 흐르고 있을지 모르겠다.

골안논의 저녁 무렵

이갑순 gabsun57@hanmail.net

전화가 왔다. 다섯 살 아래 보리동생이다. 의논할 일이 있다면서 집으로 오겠단다. 특별한 일이 없으면 무소식이 희소식이라고 믿으며 지내왔기에 순간 당황했다. 무슨 일이 생긴 걸까? 아니면 신상에 무슨 변화가 생겼나? 부부 사이에 말 못할 고민이라도… 여러 가지 상상을 하면서 기다렸다. 금방 계단을 올라오는 발자국 소리가 들리고 동생이 현관문을 들어섰다.

낯빛을 살피며 사업은 잘 되는지, 외국에 나가있는 조카들 근황을 물으며 궁금증을 눌렀다. 물 한 잔을 마시고 나서 동생은 천천히 입을 열었다.

고향에 새 고속도로가 나면서 부모님이 물려주신 문전옥답 골안논 전부가 수용된단다. 순간 맥이 탁 풀렸다. 양쪽 산골짜기 안에 위치해 있어 이름도 '골안논'이라 불렀다. 평지에 자연 수리안전답이고 토질도 매우 좋아 골안논 아키바리라고하면 그 고장 최고의 미질로 쳐주었다. 골안논이 몇 마지기 있느냐에 따라 그 집 살림살이의 규모를 알 수 있었으니 모두에게 부러움의 대상이었다. 따뜻한 봄날, 부모님 천도재를 올리겠다고 했다.

논이 내려다보이는 산등성이에 부모님 산소가 있다. 먼 곳에 계시지만 당신들이 평생 목숨처럼 아낀 큰 논배미들을 굽어보고 계신다. 동생 이야기를 듣는 순간 부모님이 돌아가셨다는 사실 조차 잊어버리고 이 상황을 어떻게 설명해 드려야 할지 난감했다. 동생도 그것을 깊이 고민하다 어머님이 생전에 다니고 사십구재를 지낸 산사에서 이 사실도 고하고 정성을 담아 천도재를 올리겠다는 것이다. 동생은 부모님에게 늘 자랑이었다. 뙤약볕 아래 땀범벅이 되고 손끝이 닳아져도 아들 생각만 하면 아픈 허리가 거짓말처럼 아프지 않다고 말씀하시곤 했다.

억척같은 에너지를 가진 어머니였지만 야속한 세월 앞에 늦가을 수숫대마냥 쓰러졌다. 아버지 병간호로 여러 해를 고생하면서 과로와 지병이 겹쳐 어느 날 갑자기 뇌출혈로 말문을 닫아버렸다. 밤중에 소식을 접한 다섯 형제가 한걸음에 달려갔으나 어머니는 히죽히죽 웃기만 하는 낯선 사람으로 변해 있었다. 가족들이 온갖 노력을 했지만 다시는 그 이전으로 돌아오지 못했다. 천지개벽 하듯 사람이 그렇게 달라져 순간에 허무하게 무너진다는 사실이 당황스러웠다.

나의 삶에 대한 애착도 먹다 남은 사흘 지난 밥처럼 푸석푸석해졌다. 지난 일련의 일들이 뉴스의 삽입화면처럼 빠르게 지나갔다. 순간 가슴은 생인손을 잘못 건드린 아픔이 다가왔다.

누구나 자기 인생이 치열하지 않은 삶은 없다. 모두 다 지난 세월, 소설 한 자락이다. 그러나 부모님의 대하소설 같은 삶에 비교하면 내 삶은 단편소설에도 미치지 못한다. 자신들의 삶을 쪼개 먹이며 조건 없이 많은 것을 주셨다.

한 번은 그런 일이 있었다. 밥 때를 넘기고 논에서 일을 하고 있었는데 농기구가 고장이 났다. 어머니는 비가 오기 전 하넌 일을 마무리하게 다시 집에 가서 연장을 가져오라고 아버지께 말했다.

순간 아버지가 논바닥에 철퍼덕 드러누워 버렸다.

"내 위에 그냥 흙 덮어버려라."

얼마나 힘이 들고 지쳤으면 그랬을까, 어스름 저녁이 될 때까지 논바닥에 누워계시던 아버지, 그 삶의 무게를 생각하면 지금도 가슴이 아린다.

농촌에서 땅마지기를 가지고 있으면 풍족한 것은 별 것도 없으면서 일만 지천이다. 일터에서 밤중에 돌아와 가축 먹이 챙기고 밥 해먹으면 저녁은 항상 밤중이었다. 친구들은 놀러 가자고 기다리고 있는데 부모님은 오시지 않고 그럴 때마다 '소나기' 의 윤초시네 증손녀를 꿈꾸던 나의 현실은 선머슴 저리가라였다. 그러니 불만만 가득했다.

그 때의 트라우마 인지 지금도 저녁 식사가 늦어지는 걸 매우 싫어한다. 언젠가 남편이 인생에 행복한 순간이 언제인가라고 물은 적이 있다. 나는 저녁밥 일찍 챙겨먹고 세상에서 가장 편한 자세로 석양을 바라보는 것이라고 말했다. 저녁 식사를 끝냈다는 것은 하루 일과가 끝난 것이고 석양을 바라본다는 것은 관조적 여유를 누려볼 수 있다는 것이기에.

소소한 마음 자락 어루만지는 여유, 그 여유조차 없었을 부모님을 생각하면 저녁 무렵 마음이 아려온다.

요즘 들어 고향에 내려가 골안논 근처를 배회한다. 논 자락에 저녁이 어리면 노을빛 한번 바라 볼 새 없이 땅을 향해 일만 하시던 부모님의 뒷모습, 아픈 잔영이 되어 왈칵 그리움으로 번진다. 허리를 펴 골안논 황금들판을 바라보는 것으로 족했던 부모님의 저녁시간이 어스름 그림자 되어 나를 에워쌌다.

졸업

최지은 choi797420@hanmail.net

딸아이의 졸업식엘 다녀왔다. 아이가 이 학교에 입학하던 날, 학교가 명문고여서 가슴 떨렸던 기억이 난다. 그러나 명문고라는 명패가 무색하게 딸아이는 제대로 공부를 하지 않았다. 자꾸만 세상의 것을 향하여 곁눈질만 하는 딸아이 때문에 3년을 조금은 힘들게 보냈다.

졸업식날인 지금 딸아이는 무언가 많이 반성하고 후회하는 눈치이다. 졸업식이라고 오늘은 아침 일찍 일어나 채 뜨이지도 않는 눈으로 "그동안 수고했어. 엄마, 고마워" 라고 말한다.

그 말을 듣는 순간 감동적인 영화를 본 듯 명치끝이 뻐근하도록 마음이 아늑해 왔다.

이런 이유가 있어 말 한마디로 천 냥 빚을 갚는다고 하는 것일까, 말의 가치가, 말의 감동이, 말의 따듯함이란 이런 것인가 싶다. 그런 말을 할 줄 알게 해준 아이를 가르친 모든 선생님께 너무도 감사한 마음이 들었다.

꽤 오래된 나의 여고 졸업식 때와는 사뭇 다른 분위기의 딸의 졸업식을 지켜본다.

아이들은 지난날 우리들처럼 졸업이라는 단어를 앞세운 헤어짐으로 슬퍼하는 모습 대신 새롭게 시작하는 삶에 대한 설렘으로 파이팅을 외쳤다. 약간은 무겁기도 했을 고교 과정을 마친 것에 대한 나비같은 마음일까, 환하게 얼굴 가득 웃음을 짓는다. 수능으로 힘들기만 했던 고교의 시간을 벗어나는 게 아이들은 오직 기쁘기만 한가보다.

지난날 우리들은 졸업행사 중 답사를 할 때면 온통 헤어짐이 아쉬워 울음바다가 되곤 했었는데…. 지금과는 사뭇 다른 분위기 속에서 날 가르쳤던 선생님들은 지금 어디에 계실까. 어떤 모습으로 계실까 궁금해진다. 나를 가르친 선생님들과 잊고 살았던 친구들에 대한 향수가 떠오르자 그리움으로 목젖이 아파온다. 돌아갈 수 없는 시간, 이 순간이 지난 후 얼마 지나지 않아 맞닥뜨릴 세상 밖, 학교라는 울타리가 와해된 세상과의 싸움을 하다보면 아이들은 이 순간이 얼마나 아늑한 요람 속 이었는지를 알게 되겠지.

축제의 모습을 보이는 아이의 졸업식장에서 지난 날 우리가 불렀던 졸업가를 딸아이들이 부른다. 은은히 흐르는 졸업가는 흐르는 세월에서도 여전히 변하지 않은 모습으로 남아 아이와 나의 졸업식장을 연결해주는 추억의 통로가 되어주었다. 세상도 바뀌었고 졸업식장 분위기도. 아이들 태도도 변한 지금의 졸업식장에서 예나 지금이나 변하지 않는 것이 있다는 것이 나는 무척이나 반가웠다.

자신이 비친 카메라 렌즈 속에서 아이는 저에게서 풍겨 나오는 희망으로 눈이 부신 에미맘, 그 흥분을 아는지 모르는지 얼굴가득 웃음을 날린다.

나는 안다. 이 웃음이 가슴 속 햇살로 때로는 굵은 마디가 되어 아이를 성장시켜 줄 것임을. 딸은 지금 가슴에 안은 꽃다발 보다도 환하고 눈이 부시도록 화사하다.

* 최지은 회원의 마지막 유작입니다.
하늘나라에서 평안의 안식을 누리시기를…

매듭

김창희 b8130@hanmail.net

6인실 병동에는 초췌한 노인이 눈만 껌뻑이고 있다. 앙상하게 뼈대만 남은 채 비슷한 모양을 하고 한 사람씩 침대를 차지하고 누워 있다. 허공을 덩그마니 쳐다보고 있거나 통증이 심해 앓는 소리로 데시벨이 점점 올라가거나 헛헛한 웃음을 지으며 혼잣말을 내뱉거나 그도 저도 아니면 종일 잠에 빠져 있다. 살아온 세월이 먼지처럼 두껍게 더께로 내려앉아 침대를 가라앉히는 중이다. 음울한 기운과 무거운 침묵이 6인 병동을 떠다니고 있을 뿐이다.

요양병원의 일상적인 모습이다. 오랫동안 환자의 곁을 지켜줄 수 없다는 생각과 더불어 또 다른 이유로 인해 목숨을 연명하고 있는 환자가 요양이라는 이름으로 포장된 채 가족과 격리되고 있다. 병동의 환자들은 의식이 있거나 없거나 외롭고 거칠기는 매한가지다. 수개월에서 수년까지 생명을 연장하고 있을 뿐이다. 회생 가능성이 없는 환자에게 퇴원을 권유하면 바쁘고 힘든 일상과 함께하는 우리는 여러 가지 이유로 요양시설로 재입원을 시키게 된다 이곳에 있는 6인 병동의 환자들의 삶은 원했든 원하지 않았든 이곳에서 매듭짓게 될 것이다.

여섯 명의 환자 중에는 내 시아버님도 있다. 평소에 무척 건강했기에 말기 암이라는 얘기는 듣고도 믿기지 않았다. 이른 여덟이라는 나이에도 무척 건강했다. 갑자기 찾아온 신장암은 말기가 되어 고칠 수 없는 지경이 될 때까지 놀랍게도 통증도 전조증상도 수반하지 않았다. 그렇기에 병원을 찾는 시기를 놓치고 치료조차 할 수 없는 상태가 되고 말았다. "이 환자에게는 더 이상의 치료가 의미 없습니다, 퇴원하셔도 좋습니다." 라는 얘기를 듣는 것으로 병원에서의 짧은 입원생활은 끝이 났다. 병원에서 확인해 줄 수 있는 것은 길어야 3개월이라는 매몰찬 말 뿐이었다.

아버님은 7남매를 두셨다. 우리는 모두 일상생활에 바쁘다는 가식적인 핑계를 댄 채 요양시설로 모셨다. 모신 게 아니라 서로 책임지지 않으려 했다는 게 더 맞는 말일 것이다. 환자 본인의 의지와는 관계없이 떠밀 듯 입원 시켰다. 카랑카랑했던 음성은 말기 암 진단을 받고서도 여전했으나 요양시설에 입원하는 그 때부터 중증환자가 되었고, 눈동자는 점점 초점을 잃어 갔다. 의식이 가물거리는 날에는 환각 속에서 꿈속을 헤매듯 오래전 돌아가신 시어머님을 봤다고 하거나 조금 전에 어머니가 계셨는데 어딜 갔느냐고 찾았다. 기억의 회로가 뒤엉켜 오류가 생기기 시작하기까지는 오랜 시간이 필요하지 않았고, 점점 알아들을 수 없는 말들로 당황스럽게 했다. 그렇게 5개월 동안 흐리고 맑은 날들을 오가며 병원에서 확정해 준 3개월을 두어 달 지나 힘들고 고단했던 일흔여덟 한 남자의 인생이 매듭 지어졌다.

몇 해 전 시어머님은 저녁밥을 잘 드시고 일어서다가 쓰러져 1년이 넘도록 병원 생활을 하다가 돌아가셨다. 저혈압으로 인한 쇼크였다. 어머님을 봉안당으로 모시던 날 평소에 어머님 속을 부단히도 썩이던 아버님은 어머님의 영정 사진을 안고 꺽꺽 마른 울음을 토해 내셨다. 짝을 잃어버린 지아비의 때늦은 후회가 섞인 회한의 물기였다. 시어머니와 같은 과정을 거쳐 봉안당에 모셨다. 그 날 어머님을 안치하던 날의 아버님 모습이 자꾸 떠올랐다. 어떤 이유였는지 내내 마른 울음을 삼키던 그 모습이 가시지 않고 나를 힘들게 했다.

오래전의 일이다. 몇 날을 불면에 시달리다 잠이 들었다.

깨어보니 이불이 흥건히 젖어있었다. 내 의지와는 상관없이 꿈속에서 이루어진 일이다. 돌이켜보면 아버님 역시 꿈속에서 가물거리는 기억의 언저리를 맴돌고 있었을 것이다. 곁에 계시지 않는 시어머님을 찾거나 보았다는 기억들은 분명히 꿈속을 헤매며 흥건하게 젖어있던 이불처럼 흔적만 남기고 있었는지 모를 일이었다.

딸아이의 혼인날을 받아놓고 날이 겹쳐질까 염려가 많았다. 일찍 소풍을 끝내거나 아주 늦게여야만 했다. 아버님의 병환보다는 내 자식의 대사가 엄연히 컸다. 하루 이틀 새, 일이 벌어진다면 그보다 더 큰 낭패는 없을 것이기에 하루하루 근심거리가 되었다. 사람의 마음은 참으로 간사한 것이라서 자식의 일이 먼저였으며 받아놓은 날과 겹치지 않기만을 간절히 바라고 있었다. 아버님은 가물거리는 기억 속에서도 큰 손녀인 딸아이의 혼인을 보고 싶어 했지만 결혼식을 2주 앞두고 쫓기 듯 홀연히 세상을 버렸다. 그나마 날이 겹치지 않아 다행이라는 생각에 한시름 놓았지만 이기적일 수 밖에 없었던 나는 스스로 못된 며느리가 된 것 같아 깊은 수렁으로 한 번 내동댕이쳐진 느낌이었다.

초점을 잃은 눈빛과 기억의 저편을 오가던 혼란스러웠던 일도 이불에 실수했던 내 꿈속 흔적도 잠깐의 혼돈이라 생각된다. 잘 엮지 못했던 보따리의 매듭을 풀어내어 새로운 매듭을 지어야 할 때가 세상과의 이별이 아닐까. 삶을 살아내면서 어떻게 매듭을 엮고 풀어야 하는지 아버님을 보내고 오던 날부터 숙제처럼 무겁다.

도토리밤이 알밤이 되기까지

김경희 bomsky65@hanmail.net

소포가 왔다. 테이프로 꼼꼼하게 감은 박스, 군에 간 아들이 추석 이틀 앞두고 보낸 거였다. 얼추 서너 됫박은 될 성싶은, 때글때글한 알밤이 빼곡하다. 하트와 이모티콘 범벅인 편지도 들어 있다. 부대에서 어떻게 밤을 주워 보냈을까. 아들의 손끝이 묻어 있을 밤톨들을 매만지다가 거실 바닥에 와르르 부려놓아 본다. 윤기 흐르는 것부터 희읍스름한 것까지, 빛깔이 제각각이다. 훈련 중 짬짬이 군복 바지 주머니에 주워 모았다가 추석이라고 때맞추어 부쳤을 것이다. 행정보급관님한테 걸려 정강이나 차이지 않았을지, 아릿한 통증이 가슴께를 긋고 지나간다.

아들이 고2 가을 무렵, 경기불황으로 서너 해째 앙버티던 남편이 사업장에서 쓰러졌다. 식구들을 떠안느라 무지막지하게 몸을 부린 한 가장의 보고서는 참담했다. 입시 위해 책상에 붙박여 있어야 할 아들은 학교 수업 마치자마자 병원에 갔다. 오후에 일해야만 하는 어미와 교대해주기 위해서였다. 절박한 상황에선 섣불리 눈물을 보여선 안 되는 것을 어느 결에 알아버렸을까. 통증에 몸부림치던 아빠가 주사를 맞고 잠들어서야 울음을 삼켰다는 녀석. 부자父子가 자전거 전국 일주를 하자고 오래전부터 계획한 것은 결국 무산되었다. 병원 복도에 장식한 트리의 불빛이 찬란하던 성탄절 무렵, 병원에 실려 간 지 3개월을 버텨내지 못하고 남편은 두 아이의 손을 놓고 말았다.

침대에 엎어져 등을 들썩이던 녀석의 모습이 내내 가슴을 아프게 했다. 막바지 즈음에, 병실에서 마른 입술을 달싹이는 아빠가 안쓰러워 말랑한 키위를 한 숟갈 떠서 무조건 밀어 넣어주었던 모양이다. 시큼한 맛에 진저리치며 웃음 비슷한 표정이 입가에서 비어져 나왔던 걸까. 그것을 아빠의 마지막 웃음으로 기억하는 아들. 그 모습을 붙들어두고 싶은데, 기억에서 차츰 희미해지니 어쩌면 좋으냐며 티셔츠를 걷어 올려 뒤집어쓴 아들은 커다란 울음통이 되어 등으로 울었다.

슬픔은 역설적이게도 사는 힘으로 전환되는 걸까. 아빠를 떠나보내고 아들은 부쩍 속이 깊어졌다. 스스로 진로를 정하고 대학에 진학하는 사이, 어미는 때맞추어 밥을 지어준 것뿐. 입영 통지서가 나오고, 논산훈련소로 가던 날도 아침밥을 차려준 것이 고작이었다. 국방의 의무를 확실하게 완수하고 오겠노라며 큰절하는 아들의 짧은 머리가 밤톨처럼 단단해 보였다.

휴가 나오면 아들은 허름한 주택을 살피며 손볼 곳부터 찾았다. 초록 잎을 좋아하는 제 엄마를 위해 옥상에 등나무도 한 그루 심어주었다. 비좁은 집안이 칙칙하다고, 늙다리 가구들을 리폼이라도 하면 덜 울적할 것 같다는 내 혼잣말을 귀담아들었던 모양이다. 포상휴가를 나왔을 때는 "충성!" 대신 하이파이브를 했다. 부대에서 페인트칠을 해봤다며 집안을 변신시켜주겠다고 우렁우렁 가장의 목소리를 냈다. 전등이 나가도 쩔쩔매는 허정개비인 나는 페인트 재료들을 준비하는 아들의 등을 부연히 바라보았다.

원목 식탁을 첫 번째로 칠했다. 오붓이 둘러앉아 고등어구이를 발라먹으며 네 식구가 웃음을 깼단 털 듯했던 식탁. 붓이 지나갈 때마다 긁히고 벗겨진 자국이 지워져 갔다. 이끼처럼 눅눅했던 기억은 그만 잊으라는 듯 순백의 목련빛깔로 피어났다. 화장대, 책장, 원목 의자, 창틀… 포근하고 환해졌다. 막막해 하며 글썽인 시간도 파스텔색조 페인트에 섞여 곱게 묻혀갔다. 가구 손잡이에 포인트를 주는 감각도 발휘했다. 거들어 주려던 나는 붓질 방향이 고르지 않다고 바로 퇴짜를 맞아 물러나야 했다. 뒤태도 제 아빠를 빼닮은 아들이 유연하게 붓을 놀릴 때마다 위풍당당 어깨가 실룩거렸다. 과장하면 뼈대와 힘줄과 살갗이 박연폭포와 맞짱 뜰 기세였다. 새물내 날 것 같은 집안. 나비 떼가 날아오르고, 민들레 솜털 씨앗들이 뱅글뱅글 허리춤을 추며 창밖으로 날아갈 것만 같았다.

집안을 화사하게 바꿔놓더니 대문까지 칠한다고 현관 밖으로 나갔다. 녹슬고 칠이 벗겨진 대문을 경쾌하게 사포질해댔다. 깨금발로 뛰다가 문턱에서 넘어져 울음을 터트리던 그 도톨밤이 키가 대문만 하고 초콜릿 복근을 갖춘 청년이 되다니. 이어폰을 꽂고 음악을 들으며 한나절이 넘게 아들 등짝에서 물엿인 듯 땀을 고아내는가 싶더니 꼬질꼬질했던 철제 대문이 반짝반짝 빛났다. 눈부신 은빛! 대문 벽을 함빡 덮어버린 담쟁이들도 신이 나서 너울너울 파도를 쳤다.

도톨밤이 알밤이 되기까지 목울음을 거듭 삼켰으리라. 의지가 곤두박질칠 때마다 스스로 불방망이를 내려치며 주먹눈물을 훔쳐냈겠지. 병장 계급장을 달았으니 군 복무도 얼추 알밤 줍는 시점에 다다랐다. 윤기 흐르는 알밤을 주우며 아들은 무슨 생각을 했을까. 가랑이까지 늘어지는 바지를 입고 건들거려도 좋을 푸른 나이. 지금보다 더 철들겠다는 속다짐은 하지 않았기를.

동해의 형제 섬

전성옥 gaeulbe@hanmail.net

천길 깊이의 검푸른 바다가 바위섬을 감돌고 있다. 거대한 해자다. 누구도 침범 말라. 아무도 다가오지 말라. 설령 너일지라도 나를 밟지 말라. 시퍼런 서슬과 검은 위엄을 나는 감히 거역하지 못한다.

섬…, 독도는 태고의 외로움을 기품 있게 지니고 있다. 세상을 덮으려는 바다를 뚫고 온 몸을 긴장한 채 육중하게 솟아올라있다. 섬 주변을 오르내리며 빈틈없이 초계를 서고 있는 괭이갈매기와 슴새shearwater들, 먼지 한 톨 묻지 않은 매끈한 새의 날개, 쏘아보는 새의 눈, 그들은 말한다. 너는 육지의 속인이 아니더냐. 가까이 오지 말라, 때 묻은 너의 손을 나의 주군에게 닿게 하지 말라.

발 딛음을 허락받지 못한 배는 천천히 섬을 돈다. 뱃전에 선 나는 섬의 이야기를 듣는다. 나를 압도한 섬은 명령한다. 나를 기억하라, 내 장엄을 경배하라.

배를 네 시간 달려 울릉에 닿았고, 한 시간 반을 또 다시 달려 독도에 닿았다. 그러나 접안하지는 못한다. 독도는 일 년에 오십일 정도만 인간의 출입을 허락한다. 날씨 탓이라고 했지만 어디 꼭 날씨 탓만이겠는가. 자신을 배알하러 오는 인간의 속내를 검고 푸른 바다에 미리 비추어 보았을 것이다. 불손한 자는 감히 나에게 닿으려 하지 말라, 준엄한 경계를 둔 것이리라.

속진俗塵에 절은 나는 배의 갑판에 서서라도 동해의 주인을 만나게 됨에 정신이 황황하다. 섬은 가파르다. 가파른 섬을 돌아간다. 태양을 마주하자 빛이 가린 섬의 뒤편은 어둡고 검다. 어둡고 검은 절벽을 따라 해식아치와 해식동들이 나타난다. 군데군데 솟아 오른 외돌개, 그 높고 날카로운 실루엣, 신령스러움이 더해진다. 바닷물도 어둡고 검다. 어둡고 검은 바닷물은 흑요석처럼 빛난다. 흑요석 같은 바닷물은 삼엄하게 섬을 호위하고 있다. 다가오지 말라.

크고 우람해야만 장엄하고 신령스러운 것이 아니다. 독도는 충분히 장엄하고 충분히 신령스럽다. 이 깊고 사나운 바다 한 가운데, 이웃 섬 하나 보이지 않는 이 막막한 곳에서 홀로 사백오십만 년을 살아왔다. 울릉도보다 이백만 살이 많고 제주도보다는 삼백만 살이나 많다. 더욱이 암초섬인 독도가 실은 울릉도 두 배쯤의 면적을 가지고 있다. 솟아나온 봉우리 주변으로 넓은 해저섬이 펼쳐져 있고 그 깊숙한 곳에 검은 보물, 지구 최후의 에너지인 '메탄 하이드레이트'를 품고 있다. 그래서 섬은 이토록 검고 이토록 신령스러운 것이리라. 섬을 수호하고 있는 바닷물도 검게 빛나고 초계를 서는 새의 눈빛도 이토록 번득이는 것이리라.

섬의 수호를 바다와 새의 수고에만 기대고 있는 것은 불경이며 태만이다. 인간이 할 수 있는 최선을 다해야 한다. 빛나는 젊음을 가진 우리의 아들들이 섬을 섬기고 있다. 배가 다가가자 선착장에 나란히 선 푸르른 아들들, 거수경례로 긴 인사를 한다. 상륙할 수 있었다면 품에 담쑥 안아주고픈 그 아들들을 갑판 위에서 바라본다. 섬을 감도는 바닷물의 엄호는 속진 묻은 인간의 말 한마디 까지도 철저하게 차단한다. 몸짓으로 말을 전한다. 머리 위로 커다란 하트를 그려 사랑을 전한다. 잠시 뒤 아들 하나가 경례를 풀고 같은 하트로 답을 보내온다. 누가 낳고 누가 길렀건 오늘은 모두 내 아들이다. 아들아… 국토를, 국가를 부탁한다.

독도의 동생인 우산국은 푸르게 빛나는 보석의 나라이다. 섬 가장자리를 따라 아쿠아마린빛의 바다가 감겨 있고, 쨍한 햇살이 그 물에 스며든다. 푸른 유리바다 속으로 스며든 빛살은 잔잔히 갈라지고 천천히 부서지며 말랑말랑 반짝인다. 챙그랑 쨍그랑 자르르 부숴져 내린다. 액체 보석이다. 물은 빛살에 의해 액체 결정이 되어 그 면마다 빛을 반사하고 있다. 손을 넣어 건지면 푸른 보석이 자그르르 창창 건져질 것 같다. 두 손 가득 푸른 알갱이가 담겨질 것 같다.

우산국은 깊은 산의 나라이다. 깎아지른 산들이 서로의 그늘에 덮여 어둡고 신비롭다. 깊은 산의 뿌리를 따라 구불구불 이어진 해안길. 그 길 위 비탈언덕의 아찔한 모퉁이, 뼈가 하얗게 드러난 나무들, 섬백리향이다. 나무들은 깎아지른 벼랑 끝에서 갖은 풍상을 겪어내느라 한 뼘도 곧게 자라지 못하고 마디마디 꺾이고 줄기줄기 엉겨 있다. 그러나 그 위태한 곳에서도 제 본분을 게을리 하지 않는다. 향기로 세상과 바다를 덮는다. 오래 전 먼 바다에서 길을 잃은 어부가 별도, 나침반도, 등대불도 아닌 이 나무의 향기를 따라 집을 찾아왔다. 울릉은 파리, 모기가 드물고 뱀은 아예 살지를 못한다. 육지에서 일부러 들여온 뱀도 얼마 지나지 않아 죽어버린다. 인간에게는 삶의 향기로 다가가는 섬백리향이 다른 무엇들에게는 죽음의 향기로 덮쳐가는 까닭이다. 그러나 아직은 다 알 수 없다. 저 깊은 산에 무엇이 더 잠겨 있는지는.

섬은 사람이다. 올망졸망 점점이 떠 있는 서해의 섬들은 순하고 어진 백성들이다. 그들은 평화롭고 여유롭다. 바다를 느긋이 맞아들이고 느긋이 보내준다. 바람도 느긋이 불고 개흙도 느긋이 무르다. 제주는 향낭을 차고 장옷을 기품 있게 쓴 정경부인이다. 경사가 연한 해안길과 얇고 넓게 펼쳐진 바다를 대란치마처럼 둘러 감고 있다. 그에 반해 울릉은 태양에 그을리고 바람에 거칠어진 중년의 장수다. 도성에서 먼 외지, 칼바람이 부는 변방에서 뭇 적들을 막아내던 눈빛 형형한 야전장수이다. 울릉은 그 장수의 힘줄처럼 강하고 그 장수의 눈빛처럼 깊고 맑다. 울릉은 아름답게 긴장하고 있다. 온 몸의 힘줄을 세우고 근육을 긴장시키며 피부까지 소름을 돋쳐 놓고 섬모 한 터럭까지도 빳빳이 긴장하고 있다. 굳은살 박힌 손에 병장기를 움켜쥐고 주문처럼 최면처럼 쉬지 않고 중얼거린다. 나는 국토의 최종지이다. 적이 오면 가장 먼저 맞설 것이다. 지그시 다문 이빨 사이로 낮게 으르렁 댄다. 나는 긴장해야 하고 강해야 한다.

늦은 오후, 도동에서 저동을 잇는 긴 해안길을 걷는다. 높고 낮은 길 아래 바다가 가득하다. 고동색 감태들이 나긋나긋 몸을 흔드는 청록색바다, 파도를 따라 흔들리는 바다숲, 후르르 긴 바람이 불고 가뭇이 어둠이 내린다. 가파른 길을 따라 노란 전등들이 하나 둘 켜진다. 뭍에서 잃어버렸던 길이 여기에서 보인다.

바다에 별이 맺힌다. 검은밤이 오기 전의 푸른밤, 푸른 수평선을 따라 별이 맺힌다. 인간이 켜는 별빛, 바다생물을 부르는 별빛배들이 하늘과 바다의 경계에 서 있다. 어디 하늘의 별만 빛나고 아름다우랴. 밤을 밝히는 인간의 눈빛 그 인간이 켜 놓은 마알간 유리등, 모두 빛나는 별이다. 아름다운 별이다.

수평선의 별을 보며 걷는 울릉의 여름밤, 너는 누구냐… 기슭에서 철썩이는 바닷물이 밤새 묻는다. 몸을 옭아매던 뭍의 긴장이 한 겹 한 겹 풀어져 내린다. 긴 별이 밤새 내려앉는다.

주름을 펴다

윤미경 y601026@naver.com

어렵사리 둥지를 장만했다. 이삿날이 코앞으로 다가왔다. 평탄하게만 살아가는 삶이 얼마나 될까. 바쁘게 살기만 급급해 곧잘 사람의 말속임에 솔깃해 보증을 섰던 것이 화근이 되었다. 옴팡진 덤터기를 맞아 월세 방과 전세를 전전하며 삶의 가장자리에서 허덕이던 날이 오래였다.

입주하기 전 청소하러 집에 갔더니 구경하는 집이라고 써 붙인 곳에 여러 업체 사람이 안내하느라 분주했다. 입주할 사람이 저마다 구경하기도 하고 한쪽에선 업체와 계약하는 입주자의 희망에 눈빛이 반짝이고 있었다. 나도 덩달아 들뜬 마음으로 구경하다 차분하고 예쁜 커튼을 선택했다.

입주를 했어도 남의 집 같아 낯설기도 했지만 따뜻함을 주는 커튼 덕분에 어색한 마음이 차츰 안정되었다. 고층아파트 새집은 전망이 환했고 고즈넉한 산세가 한눈에 들어왔다. 산 아래 경계선 안에는 배나무가 가득했다. 가끔 배꽃향이 솔솔 부는 바람을 타고 집으로 마실 오는 날이면 머릿속이 맑아졌다.

그 시절 봄이면 밝고 따뜻한 색의 가벼운 커튼을 달았다. 가을에는 파스텔색의 커튼으로 겨울엔 한 겹 더 길게 달았다. 이중 커튼으로 바람 한 점 들어올 새라 난방비 걱정에 부지런 떨었다.

거실 쪽 보완으로 베란다 쪽 통유리에도 블라인드를 달아 좁혔다 넓혔다 요술을 부려 가족의 웃음도 이끌어 냈다.

가끔은 밖에서 펼쳐지는 온갖 이야기가 싫을 때면 잠시 마음의 커튼으로 가리고 잠시 휴식을 취해 본다. 주름 잡혀 쭈글쭈글 구겨진 속이 주르륵 펼쳐져 편하고 부드러워진다. 내가 살아온 날 중 여러 사람과의 관계에서도 가끔은 주름이 강하게 잡혀 펴기 힘든 적이 있었다. 그러나 주름 잡힌 속내들을 이야기하다보면 그동안의 오해와 편견들은 주르륵 펼쳐지게 된다. 대화를 하면서 서로에게 꼬이고 닫힌 마음을 소통하게 되고 나의 생각 또한 열리게 된다.

요즈음은 화려하고 예쁜 커튼과 실용성 있고 편리하게 제작 되어 종류도 다양하다. 저마다 꼭 가려야 할 곳에 실용성과 아이디어가 피어나는 여러 종류의 커튼이 너무도 풍족하게 제자리 매달려 팔락인다.

어느 유명한 배우가 잘나가던 시절 많은 돈을 벌었지만 관리 소홀로 가까운 사람에게 전 재산을 사기 당했다. 배신의 상처로 자살까지 생각했지만 집안에 이중 삼중으로 커튼을 치고 구겨진 마음을 폈다고 했다. 이처럼 현실에 적응 못하고 비참한 생각을 하기 전, 먼저 상처난 마음에 커튼을 달아본다. 지금 당장 겪고 있는 어려운 상황과 마땅치 않은 부분은 커튼으로 가린다. 불편함이 가라앉으면 웃으며 희망을 맞으면 될 것이다.

상처받은 각자의 마음에 커튼을 달고, 심리 상태에 따라 열고 닫기를 잘 조절하는 삶이 꼭 필요 하지 않을까.

빈 집

임순분 soonbunim@hanmail.net

고향은 언제나 그리움이라는 이름을 지녔다. 내 마음에 그림처럼 앉아 있는 고향, 그 그리움을 함께 나눌 죽마고우를 만나는 일로 나의 고향 나들이는 언제나 가슴이 설렌다.

오랜만에 떠나는 귀향길이다. 부모님, 오라버니들 산소를 들러 볼 생각에 만감이 교차한다. 창 밖 산자락 운무가 맑은 골바람을 데려와 배낭 속에 들어앉는다. 길 떠난 나그네인 나는 그들의 방문에는 아랑곳없이 평상심이다. 다만 고즈넉이 시선을 사로잡는 풍경에 빠져 있다. 그저 거창에서 북상으로 가는 길을 한 곳도 놓치고 싶지 않아 마음만 분주하다.

수승대를 지나 강전모리로 돌아서면 계곡 반석 위에서 목욕하던 어린 시절과 마주친다. 황산리 계곡을 지키고 선 천년 노송이며 산꼭대기에 우뚝 솟은 사모바위며 도솔암, 내원궁, 모두들 여전히 고향을 지키는 수문장으로 제 몫을 다하고 있다.

산과 들은 변한 것 없이 옛 모습인데, 사람들은 떠나고 초등학생이었던 어린 친구들은 어느새 칠순을 바라보는 노인이 되었다. 고향을 지키고 있는 동무는 고작 두서넛뿐이다. 젊은 날 도시에서 살다 고향으로 내려와 지내는 친구도 있다. 그나마 고향을 지키며 여생을 보내는 그들이 그저 고맙기만 하다.

그 친구들이 타향살이에 지친 우리에게 촌두부에다 메밀묵을 선사했다. 어린 시절 어머니의 손맛이 그대로 묻어난다. 머리에 억새꽃을 덮어쓴 우리들의 대화 속에는 코흘리개 시절

산과 들, 냇가, 행기 숲, 세월 속에 덧칠된 학교 교정의 이야기가 빠지지 않는다.

고향 친구들은 같은 곳에서 태어나 함께 잔뼈가 굵었고, 나이 들어 이제는 서로가 피붙이처럼 가깝다. 애틋한 마음들이 과일 즙처럼 우러나온다. 서로 주지 못해 안달이다. 나이 들면 추억속에 웃음이 나오고, 동심으로 돌아가 나이를 잊고 파릇해진다.

동창회 중간에 짬을 내어 예정한 선영을 둘러보았다. 나 홀로 부모님과 오라버니들 산소를 참배하는 마음에 세월의 무상감이 절절하다. 앞으로 내게 허락된 시간은 얼마나 될까. 십 년, 이십 년, 아니 삼십 년….

계절의 질서 앞에 허망함을 떨쳐버린 듯 빈 가지로 북풍설한에 처량하게 떨고 있는 저 나목들! 그들은 꼭 모진 세월에 부대끼고 온갖 풍상에 시달린 무덤 속 어른들을 닮아 있다. 앙상한 가지 끝에 빛바랜 가랑잎 하나가 발밑에 메아리처럼 떨어진다.

산소를 내려와 마을에 들어섰다. 나도 모르게, 한 달 전 간암으로 일흔아홉 생을 마감함 우산댁 언니의 빈집에 다다라 있었다. 인적은 없고 댓돌에 놓인 고무신 한 켤레가 언니인 양 반겨준다.

어렸을 때 엄마 따라 이따금 이 집에 놀러온 적이 있었다. 높다란 담장에 대문이 여럿이었다. 그 대문들을 지나 안채에 들어서면 큰 장독간에 봉숭아꽃이 활짝 피어 있었다. 부잣집이면서 인심도 후해 사람들이 하루가 멀다 하게 드나들곤 했다.

내가 초등학교 2학년 무렵, 육사 1기생이었던 이 집 오빠는 우리 가문의 자랑이었다. 만 섬지기 집안의 도령인 오빠가 장가를 들던 날은 온 동네 잔치였다. 말을 탄 장가 행렬이 강정모리까지 뻗쳤을 정도로 위세가 대단했었다.

그 오빠가 혼례를 치르고 첫날밤을 보낸 다음날 6·25 전쟁이 일어났다. 국군 대위였던 오빠는 나라의 부름을 받고 떠난 후 소식이 끊기고 말았다. 일 년 후, 신부가 신행 오는 길도 혼례 때처럼 가마 행렬이 길었다. 신랑 없는 신행 길, 그때까지도 신부는 신랑이 전사한 걸 꿈에서조차 몰랐다.

우산댁 올케 언니는 열아홉에 첫날밤을 치르고 사진 속 신랑만을 기억하면서 만석꾼 시집의 높은 담장에 갇혀 젊은 청춘을 보내야 했다. 종갓집 맏며느리로 조상 제사 모시며 자식도 없이 그렇게 홀로 한평생을 지내다 일흔 아홉에 이르러 지아비 곁에 가 쉴 수 있었다.

주인 없는 빈집을 나직한 걸음으로 둘러본다. 여기에도 세월은 어김없이 내려앉아 있다. 일 년에 만 섬을 지었다는 만석꾼 집안도 대물림 할 자손이 없어 물거품처럼 꺼지고 말았다. 장독간에 놓인 크고 작은 독들만이 옛날 부잣집의 자취를 기억하고 있을 뿐이다. 그 모습을 보면서 마음속으로 언니의 가여운 넋을 위로한다. 조선의 여인, 은진 임 씨의 절개를 높여준 그녀의 오롯한 생애에 절로 고개가 숙여진다.

유골도 없는 남편 임이종 소령의 묘비뿐인 국군묘지에서 언니는 하룻밤 인연인 남편과 영원한 초례를 올렸을까.

물꼬

안해영 partypartyo3@naver.com

지금도 지워지지 않은 물꼬에 대한 아픈 기억이 있다. 지독히 오랜 가뭄 끝에 단비가 내렸던 어느날 아침, 일찍 소를 몰고 집을 나섰던 아버지가 집으로 들어오자마자 “에이, 내 오늘은 끝장을 보고 말아야지. 저 놈을 그냥 두어서는 농사를 지을 수가 없을 것 같다.” 혀를 끌끌 차며 아버지는 지서로 가셨다.

일의 발단은 오랜 가뭄 때문이었다. 모든 밭농사는 뙤약볕에 타들어갔고 논농사도 예외는 아니었다. 조금 있으면 벼가 배동을 할 시기인데 온 동네가 하늘을 쳐다보며 원망으로 가득 했다. 배동을 하려면 물이 많이 필요한 시기인데, 하늘에서는 도무지 비를 내릴 기미가 보이지 않았다.

가뭄으로 타들어 가는 들녘을 바라만 볼 수가 없어 동네 어른들은 기우제 준비를 하기에 이르렀다. 기우제 장소로는 섬에서 가장 높은 봉화대가 있던 상정봉과 동네 앞을 막고 있는 소스랑 바위가 어떨지 의견을 나누고 있었다. 기우제 준비로 부산하던 어느 날 밤 갑자기 비가 퍼붓기 시작했다. 비가 오자 아버지는 잠도 안자고 한 밤중에 들로 나가 비료도 살짝 뿌리고 논의 물꼬 단속을 단단히 하고 들어왔다. 논에 물을 댈 저수지가 동네에 따로 있는 것도 아니었기 때문이었다. 외부에서 들어오는 물이라고는 마을 앞의 샛들인 도랑에서 흘러내린 물과 하늘에서 내리는 물이 유일했다. 그런데 오랜 가뭄으로 그 샛들의 도랑마저 말라 버린 것이다.

샛들의 도랑을 거슬러 올라가면 버드나무 우거진 골짜기 안고랑 깊숙이 자리 잡은 옹달샘이 있었다. 석관수를 대주던 옹달샘은 아무리 가뭄이 와도 마르지 않는 샘이었다. 지독한 가뭄으로 석관 옹달샘도 넘쳐나기는커녕 하루 두 번 식수만 제공했다. 옹달샘도 물 바라기는 거북등 같은 논이나 같은 상황 이었다.

밤새 비가 왔어도 거북등처럼 갈라진 논바닥에 스며들고 채워진 물이니 많지는 않았다. 새벽녘 소를 몰고 들에 가던 아버지는 깜짝 놀랐다. 잠도 안자고 비료를 뿌려놓고 꽁꽁 막아놓은 물꼬 옆에 새로운 물꼬가 몇 시간 만에 생겨 있었던 것이다. 물이 새지 않도록 새 물꼬를 단단히 막아 놓고 소의 아침 꼴을 먹이고 집으로 돌아오는 길이었다. 그 시간 아버지가 듣지 않았거나 보지 말았어야 할 것을 듣고 보고 만 것이었다.

오랜 가뭄 끝에 내린 비라 여기저기서 물꼬 단속을 하는 사람들이 많은 아침이었다. 새벽녘에 막아 놓은 물꼬 근처에 아버지가 다다랐을 때 "삽으로 그 놈 목을 슬어 버려야지." 분명한 사람 목소릴 들은 것이다. 생으로 만든 물꼬를 다시 트고 있는 아래 논의 주인을 본 순간 아버지는 아연 실색을 하고 만 것이다. 주인 허락도 없이 물꼬를 다시 트면서 흉악한 말까지 하다니. 논두렁에서 한바탕 언쟁을 벌이고 집에 오자마자 식사도 하지 않고 아버지는 외출 채비를 하고 지서로 달려가신 것이다.

아버지는 논두렁에서 있었던 물꼬 문제와 흉악한 말 때문에 분에 못 이겨 증인까지 대동하고 지서로 끝장을 보러 간 것이었다. 아래 논 주인은 그 다음날 지서로 불려가 상당한 벌을 받아 오래도록 몸져누워 농사일을 못했다. 흉악한 말은 몹쓸 짓이라며 물꼬 사건은 동네 사람들까지 합세하여 아버지 편이 되어 주었으나 동네는 한동안 막힌 물꼬가 되어 침울했다.

물꼬 싸움은 오래도록 나를 짓눌렀다. 두 집안 자식들은 동갑이거나 한 살 정도의 차이로 다섯 명이나 친구로 지내는 사이였다. 농사꾼이라면 있을 법한 물꼬 문제였으나, 물꼬 싸움은 두 집안 어른들의 단절을 가져왔다.

어른들의 서먹함 속에서도 내 친구는 학교 숙제가 과한 날은 나를 집으로 불렀다. 친구도 어른들의 불편한 관계에서 벗어나고 싶은 것 같아 보였다. 나 역시 친구와 어울리다 보면 어른들의 마음이 풀리지 않을까 하는 생각에 친구네 집을 자주 드나들었다.

아버지의 끝장 사건으로 사람들의 마음의 물꼬가 오래도록 막혀 있었다. 시원스레 퍼 부어준 비가 도리어 물꼬를 막게 만들고 마음의 물꼬마저 닫게 만든 일이었다.

할머니의 젖가슴

송주형 nobi5911@hanmail.net

날씨만큼이나 춥고 쓸쓸하다. 살을 에는 느낌이 볼을 스친다. 이런 날은 누군가가 무척 보고 싶다.

뜨거운 물속에 얼어 있는 내 몸과 마음을 담가 본다. 탕 안에 몸을 담그니 스르르 쓸쓸했던 마음이 사라진다. 나른한 감촉과 편안함이 참 좋다. 머릿속이 한결 맑아진 느낌이다. 한동안 눈을 감고 따뜻함에 취해 있을 때쯤 물의 일렁거림에 눈을 떴다.

막 수영을 마치고 들어온 다섯 살, 일곱 살쯤 되어 보이는 자매가 뛰어 들어오고 있다. 먼저 탕에 들어와 있는 엄마를 보더니 입고 있던 수영복을 누가 빨리 벗나 내기라도 하듯 휙 벗어 던진다. 엄마 품을 먼저 차지하려는 듯 탕 안으로 뛰어들며 품속으로 파고든다. 엄마를 가운데 두고 양쪽으로 앉은 꼬맹이들은 서로 관심을 끌려는 듯 턱밑에서 조잘거리며 이야기를 한다. 또다시 엄마의 가슴팍을 파고들며, 양 볼에 뽀뽀를 한다. 엄마 얼굴이 자기 얼굴을 쳐다보라고 양손으로 엄마 얼굴을 자기 쪽으로 돌린다. 이번에는 서로 한 쪽씩 가슴을 차지하고 조몰락거린다. 어느 사이 작은아이는 조물 거리던 가슴으로 입을 가져가 쪽쪽 빨고 있는 것이 아닌가, 그것을 보고 있던 언니는 창피한 듯 주위를 두리번거리며 살핀다. 아무도 보는 이가 없다고 느껴졌는지 자기도 가슴에 입을 가져간다. 동생에게 질 수 없다는 듯 쪽쪽 빨다가 다시 주위의 눈치를 살피고 또 빨고 주무르며 즐거워 한다. 나는 물끄러미 그 모습을 바라다 보았다.

나에게도 두 살 어린 여동생이 있다. 동생과 엄마의 가슴을 나누고 싶지 않아 무던히도 싸우고 경쟁하며 지냈던 어린 시절, 항상 패하는 쪽은 나였다. 언니가 동생에게 양보해야 한다는 말에 한없는 아쉬움을 남기며 물러서야 했다. 눈에는 이슬이 맺혔고, 가슴에는 멍이 들었다. 그렇게 그리워했던 엄마의 가슴을 조금이나마 해소 시켜준 것은 외할머니였다. 보기가 안쓰러웠는지 나를 외갓집으로 데려가 주었다. 그리고는 외할머니의 가슴을 통째로 나에게 안겨 주었다. 실컷 만졌다. 아침저녁 시도 때도 없이 만졌다. 하지만 그 갈증은 해소 되지 않았다. 항상 나의 머릿속에 엄마의 가슴은 잔영처럼 남아 갈급하게 했다.

어느 날 나는 할머니와 단 둘이 목욕탕에 갔다. 할머니는 물속에 앉아 뜨겁지 않으니 탕 안으로 들어오라고 손짓을 했다. 뜨거운 탕 속에 들어가고 싶지 않았지만 축 늘어져 있는 할머니의 가슴을 보니 만지고 싶어졌다.

탕 안에서 할머니 무릎위에 얼굴을 마주하고 앉았다. 습관처럼 할머니의 젖무덤을 만지던 나는 그만 입에 대고 빨았다. 그 때 약간 달달한 느낌이 혀끝에 느껴졌다. 이게 무언가 다시 한 번 빨아보니 달콤한 것이 목젖을 타고 넘어 갔다. 얼마나 만지고 또 빨았으면 할머니의 빈 가슴에서 유즙이 흘러, 나의 목구멍을 적시는 신기한 날이 왔을까.

마음 속 응어리가 확 풀리는 느낌과 함께 머리가 상쾌해졌다. 기분이 날아 갈듯했다. 동생에게 영원히 질 것 같은 게임에서 끝내 이기고 말았다는 시원함을 맛보았다. 애타던 나의 갈증을 풀어 준 외할머니는 영원한 내 편이고, 나의 우상이며 나의 전부였다.

할머니는 나에게 언제나 엄마와 같은 존재였다. 매일 아침 미소로 깨워주고, 내가 좋아하는 반찬만으로 밥상을 채워주었다. 매일 아침 까치집 머리도 예쁘게 묶어 주었다. 소풍가는 날이면 할머니만의 특제품인 계란 김밥을 싸들고 따라와 주었다.

영원히 내 머리 속에 살아서 함께 하는 할머니. 할머니의 가슴이 몹시도 그립고 보고 싶고 만져 보고픈 날이다.

할머니 어디 계세요. 저와 함께 목욕해요. 이제는 제가 할머니의 등과 가슴 깨끗이 씻어 드릴게요.

호랑나비 할머니

남정림 catnam7@naver.com

나비가 돌아왔다. 뽀송한 봄의 털실로 엮은 날개를 팔랑거리며 꽃향기를 풀어 놓고 있다. 나의 미래도 마냥 나비처럼 자유로운 봄날일 것만 같은 때가 있었다. 그런데 두 날개를 활짝 펴기도 전에, 작은 검버섯 하나가 내 얼굴을 덮고 있다. 지우개로 지워버리고 싶은 얼굴의 얼룩을 바라보다 아득히 먼 젊은 날로 되돌아간다.

은행잎 소리 가득한 돈암동 가로수 길에서 할머니를 처음 만났다. 호미처럼 등 구부린 채 폐지를 줍던 백발의 할머니, 얼굴에는 얼룩덜룩한 삶의 흔적이 검버섯으로 피어나 있었다. 마치 호랑나비 몇 마리 앉아 있는 듯했다. 남모르게 흘린 눈물자국, 밤새 몸살을 앓으며 끙끙대던 소리, 야생초처럼 짓밟히며 토해낸 진액이 모두 검버섯으로 변했나 보다. 그래도 실오라기만한 희망의 끈을 놓지 않는 키 작은 그녀가 내게는 누구보다 커 보였다.

여린 생명을 이어가기 위해 날개 짓 하는 호랑나비처럼 떨리는 팔로 할머니는 종이뭉치를 수레에 싣는다. 힘겨운 노동에 한숨이라도 쉴 법했지만 묵묵히 일만 하신다. 내가 쳐다보고 있어도 할머니는 전혀 의식하지 않았다. 그저 자신의 일에 남은 힘을 모두 바치는 것 같았다. 밀레의 이삭 줍는 사람처럼 몰입해 있는 모습이 가련하기보다는 차라리 경건했다. 나도 한없이 낮은 곳으로 내 몰렸을 때 내 몫의 일을 저렇게 겸허하게 받아들일 수 있을까? 아무도 알아주지 않는 고된 노동을 하며 매일 아침 다시 일어날 수 있을까?

생각의 고리들이 내 머리 속에서 굴러가는 동안에 할머니의 헌 수레도 굴러 갔다. 아뿔사! 얼마 못가서 땅이 약간 파인 곳에 바퀴가 빠져 버렸다. 할머니는 수레를 끌어올리려고 발버둥을 쳤다. 앙상하게 마른 다리가 비틀거렸고 바지까지 부르르 떨렸다. '저 수레가 호랑나비처럼 날 수 있다면 얼마나 좋을까.' 안타까운 마음에 수레를 살짝 밀었더니 할머니가 뒤돌아보고 말씀하셨다.

"뒤에서 밀면 넘어져요."

부드럽지만 단호한 어조였다. 담담한 그녀의 표정에서 알 수 없는 당당한 힘마저 느껴졌다.

당황한 나는 재빨리 그 자리를 떠났다. 그러나 오랫동안 그녀의 한 마디를 되새겨보았다. 내 안에서 받혀주는 힘이 없을 때 밖에서 오는 강한 힘은 오히려 나를 넘어지게 한다는 것이다. 누군가의 도움도 그것을 이롭게 쓸 수 있는 나 자신의 힘이 있을 때만 유익한 것이리라. 세찬 바람 맞아 흔들릴수록 내 안의 뿌리부터 키워야함을 비로소 알았다.

아이를 출산하고 미처 회복되기도 전에 다시 일을 해야 했던 시절, 내 인생의 무거운 수레를 뒤에서 밀어줄 따뜻한 손길이 절실했다. 가까이 살았지만 병약했던 친정엄마, 딸들만 챙기는 살림꾼 시어머니, 도우미 고용을 꺼렸던 남편 사이에서 나는 아픈 애벌레처럼 움츠러들었다. 아파도 앓을 여유마저 없어 가슴 밑바닥에 버려두었던 마음 한 장을 꺼내 보았다. 얼룩지고 구겨진 폐지들 같았다. 더 도움 받고, 더 이해받고, 더 사랑받고 싶었던 욕심이 구겨져 마음의 얼룩이 되어버린 것이다.

안타깝고 섭섭했던 그 마음을 보듬어 준 것은 호랑나비 할머니에 대한 따뜻한 시선이었다. 할머니가 인생의 바닥에서 최선을 다하듯이, 나의 가족들도 자신의 자리에서 자신이 아는 방식으로 최선을 다하고 있다는 것을 왜 몰랐을까? 어느 엄마가 자식에게 좋은 것을 주고 싶지 않았겠는가. 저들에게도 사정이 있고 사연이 있음을 인정하지 않고 내 입장만 생각한 것이 부끄러웠다.

마침내 내 젊은 날의 상처에 새로운 의미의 고치실을 붕대처럼 감아주었다. 버거운 수레를 밀며 삐뚤삐뚤 가는 동안에 어려운 이들을 향해 나의 가슴이 열리는 것이라고. 누구도 대신 할 수 없는 고통의 삯을 치르며 날개를 다듬는 것이라고. 허물벗기의 고통 끝에 그 날개로 날아오를 것이라고.

며칠 뒤 호랑나비 할머니를 다시 만났다. 고치 속의 고통에 의미의 날개를 달아준 고마운 은인, 먼발치에서 바라만 보았다. 하지만 하늘 향해 빌고 또 빌었다. 삶의 끝자락에 그녀가 푸른 하늘을 훨훨 날아다니는 한 마리 호랑나비가 되기를.

그녀를 위해 바쳤던 그날의 기도가 오늘 나의 소망이 될 줄 누가 알았으랴! 마침내는 나도 높은 산 너머로 솟아오를 수 있는 나래 한 벌 갖고 싶다. 정말 추고 싶었던 춤을 맘껏 추며 봄의 가슴으로 날아가는 나비가 되리라. 아직 덜 여문 날개로 하늘 향해 힘껏 날갯짓 해보는 오늘, 참 푸르다.

선물

최선자 pado1118@daum.net

선물을 받으면 상대방의 정성이 담겨있어 누구나 흐뭇하고 즐겁다. 또 받는 사람 못지않게 주는 사람도 상대방을 생각하며 선물을 고르면서 마음이 설레고 기쁘다. 그런데 선물을 준비하는 과정을 지켜보는 기쁨도 받거나 주는 것 못지않게 크다는 걸 알았다. 나는 요즘 초등학교 2학년인 깜찍한 외손녀의 선물에 기분이 좋아서 가끔 혼자서도 미소를 짓는다. 마음의 눈으로만 볼 수 있는 아주 소중한 선물을 가슴으로 받았기 때문이다.

사흘이 멀다 하고 각자 송년 모임에 참석하는 가족들 일정에 다 같이 저녁을 먹기도 어렵던 연말이었다. 모처럼 함께 저녁을 먹고 거실에 앉아 이야기꽃을 피우는데 손녀가 갑자기 후식을 준비하겠다고 말했다. 그것도 공짜가 아니고 후식 값을 달라고 했다. 처음으로 내놓은 제안에 가족들은 웃으면서 기꺼이 찬성했다. 손녀는 공책에 열심히 차림표를 만들더니 보여주며 주문을 받았다. 제목도 그럴듯하고 가격이 재미있다.

나연 커피앤티

아이스크림 1개 8,200원
2개 9,300원
카나페 1개당 2,000원
녹차 1잔당 3,000원

유자차　1잔당 4,800원
커 피　1잔당 5,500원

차림표를 보고 웃음을 참으면서 서툰 손녀가 뜨거운 물에 손을 데지 않을까 걱정이 앞섰지만, 나는 유자차를 주문하고 사위도 덩달아 유자차를 주문했다. 딸은 아이스크림 한 개와 카나페 다섯 개를 주문하고 기다렸다. 가족들은 얼굴에 웃음이 가득한 채 기대에 찬 눈길로 슬쩍슬쩍 주방을 훔쳐봤다.

손녀는 의자를 놓고 올라가 찬장 안의 예쁜 투명찻잔을 골라서 내렸다. 한참 만에 받침까지 받친 유자차 잔을 쟁반에 놓고 새색시처럼 조심조심 걸어와 얌전히 탁자에 내려놓았다. 그 모습이 어찌나 귀여운지 미소를 머금고 바라보고 있는데, 다시 주방으로 가더니 아이스크림과 카나페도 접시에 예쁘게 담아서 내왔다. 나는 깜짝 놀랐다. 한 번도 집안일을 시키지도 해보지도 않았기 때문이다. 어느새 훌쩍 커버린 손녀가 대견하고 세월의 빠름을 새삼 느꼈다.

딸이 미리 계산하겠다고 얼마냐고 물었다. 손녀는 손가락까지 동원해서 암산으로 계산하더니 이만팔천 원이라고 했다. 아이스크림 값을 묻자 팔천이백 원이라고 한다. 두 개가 구천삼백 원인데 어떻게 하나가 팔천이백 원이냐고 가격이 부당하다고 하자 손녀가 말했다. 가격은 자기가 달라는 대로 줘야 한다고, 아프리카에 있는 아이들에게 새해 선물로 보내야 할 돈이기 때문에 깎아 줄 수 없다고 했다. 밥을 굶고 있는 아이들에게 식량을 사라고 보내줄 돈이라는 것이다.

우리 모두 더는 아무 말을 못 했다. 계산하기로 한 딸이 웃으면서 삼만 원을 내고 거스름돈은 안 줘도 된다고 말했다. 그리고 손녀의 기특한 생각을 칭찬하면서 삼만 원이면 영양실조에 걸린 아프리카 아이가 한 달은 밥을 먹을 수 있는 식량을 살 수 있는 돈이라고 말해줬다. 손녀는 받은 돈을 구호단체에 보내달라고 딸에게 도로 주었다. 세상에서 가장 맛있는 유자차 향기가 실내에 가득 퍼졌다.

딸이 자주 손녀 명의로도 구호단체에 기부하면서 기아에 허덕이는 아이들 이야기를 해주었다. 그래서인지 가난한 아프리카 친구들에게 보내준다고 유치원 때까지는 제법 용돈도 잘 모았다. 학교에 입학하고는 친구들이랑 군것질하는 재미에 빠진 것 같았다. 하지만 그 친구들을 아주 잊지는 않은 것 같다. 지난 크리스마스에 주위 사람들에게 선물을 받고 보니 그 아이들이 생각났을 것이다. 용돈을 모으지 못했으니 나눔 징디를 생각했으리라. 손녀가 다니는 학교에서는 작아진 옷이나 신발 등 필요 없는 물건을 사고파는 나눔 장터를 가끔 연다. 수익금은 전부 기부한다고 한다.

예전에는 전동차를 타고 가다 보면 가장 눈길을 끄는 모습이 있었다. 전동차 안에서 구걸하는 사람들이었다. 안타까운 마음에 꼭 지갑을 열고 적은 금액이지만, 그분들 바구니에 넣어주었다. 길을 가다가도 마찬가지였다. 하지만 언제부터인지 지갑을 여는 횟수가 줄었다. 처음에는 못 본 척 외면한 날은 몹시 마음이 불편했다. 그럴 때마다 나도 힘들어서 어쩔 수 없다는 핑계를 대며 합리화시켰다. 그런데 요즘은 불편함도 줄었다. 마음이 갈잎처럼 바스락거린다.

아이들의 순수한 마음이 스승이 아닐까 하는 생각이 든다. 손녀의 선물에 점점 야박해지는 자신이 부끄러워진다. 안타까운 마음에 눈물을 흘리며 보았던 텔레비전 화면 속의 비쩍 마른 아이가 떠오른다. 그 아이를 닮은 누군가가 손녀의 정이 듬뿍 든 새해 선물을 받을 것이다. 따뜻한 마음으로 건강하게 잘 자라리라 믿는다.

능암에서

성윤숙 song-ga03@hanmail.net

가방을 쌌다. 남편이 일어나면 그가 보는 앞에서 당당하게 걸어 나와야지 했다. 내심 붙잡는 시늉이라도 해주길 기다렸지만 그는 조용히 말했다. "맘대로 해" 마음에도 없는 소릴 했지만 그가 후회할 사람이란 걸 나는 알고 있다.

어젯밤 그와 나는 늘 하듯 진부한 싸움을 했다. 내가 몰두하고 있는 그림 작업을 마땅찮게 여기더니 작정이라도 한 듯 몰아붙였다. 원인은 한 장의 사진에서 비롯되었다. 오랜 시간 소나무가 있는 풍경을 그려 전시를 해온 나는, 그 무렵 잠깐 인물화에 빠져 지냈다. 인물 자료 구하기가 어려워 초등학교 동창회 날 친구들 얼굴을 맘먹고 찍어와 거실 귀퉁이에서 틈이 날 때마다 습작을 했다. 사진 속 남자동창이 그의 심기를 건드렸던 모양이다. 유치한 질투라 생각했던 것이 큰 오해를 불러일으켰다. 내가 하는 일들을 한결같이 지원해주고 자랑스럽게 여겨오던 사람이 딴사람으로 변했다. 힘이 든다. 이번 일로 그를 이해하기에는 오랜 시간이 걸릴 듯하다.

능암으로 내려갔다. 어둠 때문에 앞을 분간하기 어려웠다. 나는 이런 것들을 못 견디게 그리워했는지 순간 익숙한 냄새에 목이 메인다. 어머니를 만나는 건 잠시 미룬다. 우물 옆 우두커니 서있는 소나무에서 송화 향기가 진하게 풍겨온다. 뒤늦게 핀 게으른 붓꽃도 아직 군데군데 남아있고, 돌담 아래로 나지막이 무리지어 있는 흰 작약 꽃과 어둠이 묘하게 슬프다. 만개한 불두화를 손끝으로 툭 건드리자 꽃잎들이 싸락눈처럼 쏟아졌다. 내 가슴에 켜켜이 쌓인 생채기가 덩달아 가슴속에서 우르르 쏟아져 나온다.

그는 책임감이 강하다 누구보다. 그러나 그는 감성적인 사람이다. 사업은 그와 맞지 않았다. 다니던 직장을 그만두고 시작한 교육 사업이 자리를 잡아가고 있을 무렵 경제 위기가 찾아와 빠듯한 자금으로 시작한 일이 치명타를 입었다. 몇 년 안간힘을 다해 버티는가싶더니 결국은 하던 일을 동료에게 넘기고 말았다. 시간이 지날수록 침묵이 깊어지며 자신을 괴롭혔다. 분노조절이 되질 않아 수시로 무너져 내렸다. 내 불행을 이웃들이 눈치 챌까 두려워 문 닫기에 급급했다. 처음으로 내 삶의 위기를 느꼈다. 고군분투하며 살아온 시간들이 아깝고 억울했을까, 별일도 아닌 일에 예민해지며 지루한 자기 학대는 끝이 나지 않았다.

어머니가 머물러 있는 방문 앞에 서니 지나온 시간들이 주마등처럼 스쳐간다. 살면서 가슴에 바람이 불때마다 찾아가던 어머니의 곁. 어머니를 부르며 문을 여는 순간 아흔 노모의 쓸쓸한 밥상에 가슴이 패였다. 신산한 삶을 사느라 어머니를 잊어버리고 살았다는 생각이 들었다. 마음 둘 곳 없어 당신 곁으로 불쑥 찾아 들어온 딸을 어머니는 나무라지 않았다.

어머니가 잠든 사이 가만히 방을 빠져 나왔다. 정미소 뒤에 있는 묵정밭을 지나 어린 시절 매일 밤 모여 놀았던 친구 집이 있었던 골목으로 접어들었다. 오금 저리게 무서웠던 그 골목길이 오늘은 왠지 친근하다. 침묵 같은 어둠, 어깨위로 '토독' 소리 내며 감 꽃 하나가 떨어졌다. 방금 떨어진 꽃 하나를 주워 살며시 입안에 밀어 넣었다. 떫은맛이 입 속 가득 느껴진다. 내일 아침 우물가 장독항아리 뚜껑 위에 노란감꽃이 떨어져 한 폭의 수채화가 되어있을 풍경을 떠 올려본다. 내가 일어나기도 전에 새벽잠이 없는 어머니가 몽당 빗자루로 그 풍경을 지우고 있을지도 모르겠다. 감이 울타리 탱자만큼 커지면 양철지붕위로 풋감 떨어지는 소리도.

돌아가지 않으리라 맘먹고 내려왔지만, 고향마을을 거닐다 마주친 오래된 기억들이, 지쳐 돌아온 지금의 나를 다독거리자 나는 수그러졌다. 생각해보니 언제든 찾아와 마음 뉘일 곳 있었던 나와 달리, 어느 곳에도 기댈 곳 없이 가파르기만 했던 그의 마음을 헤아리지 못했다. 불현듯 안쓰럽다는 생각이 들었다. 나는 좀 더 그를 이해해보기로 했다. 잘 할 수 있을까.

감자밭을 지나 예배당으로 들어가는 저리 순하게 꺾인 골목길처럼, 나는 그에게 굽이굽이 길목마다 어깨를 빌려주고 싶다. 보채면 안아주고 힘들면 손을 잡아주는 능암, 이 시간에도 능암이 그리워진다.

노랗게 물든 천진암天眞庵

정명희 jmharim@hanmail.net

장성 백암산에 안긴 백양사. 사람들은 저마다 추억을 담으려 백양사에 간다. 그 곳 물거울에 백학봉과 쌍계루가 자기 얼굴을 비춰보면 그 아름다운 모습에 스스로도 깜짝 놀랄 것 같다. 여기저기서 가을 햇살이 간지럼을 태울 때마다 애기 단풍의 얼굴은 더욱 붉어진다.

백양사 입구에서 오른쪽으로 접어들면 천진암 가는 길이다. 언제부터인가 나는 북적거리는 사람의 길보다 호젓하고 고즈넉한 숲길을 좋아했다. 사람의 길에서 이렇게 조금만 들어서면 정밀의 세계로 접어드는 것이다. 병풍으로 둘러놓은 듯 풍경은 절묘하게 산사와 잘 어우러져 찾아오는 이의 마음 또한 저절로 차분해지고 정갈하게 한다. 난 이 길을 찾을 때마다 수많은 생각을 한다.

분명 대학시절이었을 것이다. 어느 친구를 따라 전국에 있는 절을 다니다 고요한 산사 분위기에 빠져 찾아 간 곳이 바로 천진암이다. 30여 년 전에는 초라하기 그지없는 초가집에서 훈훈한 냄새를 맡을 수 있는 시골 외할머니 집을 떠올렸다. 내 마음을 사로잡는 천진암의 산문山門은 오래 기다렸다는 듯 반갑게 맞이한다.

속세에 있을 때의 친구였던 비구니 스님을 찾아간다. 비구니 스님은 부처님처럼 미소를 지으며 따뜻하게 대해 준다. 부엌 검불에서 나오는 연기가 메케한 향을 뿌려 싫지 않았다. 구창모의 '희나리' 라는 노래도 생각하면서…. 과연 난 그 길을 갈 수 있을까. 그 당시 모든 것을 등에 진 것처럼 생각이 많았던 시간이다. 내 나이 꽃 피우고 있던 시절 비구니 주지 스님은 따뜻하게 대해 주셨다. 이 사바세계에서도 할 일이 많다며 때가 되면 불문不文에 들어오라 했다. 장작을 넣고 타오르는 불길을 바라보며 부처의 세계란 무엇인가에 대해서 이야기를 나누면서도 과연 난 그 길을 갈 수 있을까. 여러 가지 의문을 가졌다. 그러면서도 불교의 깊은 철학에 깊이 빠져 있는 동안 장작은 잿불만 태우고 있었다.

모든 사물에는 인연설이 있다. 난 그 인연설을 자신이 만들어 간다고 생각이 내려졌다. 남편과 사귀고 있었는데 결혼해야겠다 생각하니 모든 세상이 아름답게 보였다. 친구도 H와 사귀고 있었지만, 출가하기 위해 많은 절을 다니며 정리했던 것인데 그걸 몰랐다.

우리는 자연에 취해 많은 절을 찾았다. 그곳의 아늑한 분위기는 우리를 즐겁게 하였다. 그런데 어느 날부터 소식이 뜸하다 친구와 연락이 되지 않아 함께 다니던 절에 가 봤더니 J스님이 알려 주셨다. 왜 속세를 떠났을까?

언제부턴가 나와 만나기만 하면 한숨을 쉬며 괴로워했다. H와 시간이 갈수록 갈등이 심한 친구는 정리를 했다. 어질러져 있는 마음 상태에서 점점 몸이 쇠약해졌다. 병원을 나녀노 진단이 나오지 않자 어머니의 불심과 함께 절에 다녔다. 무수한 인연 속에서 부처님과 인연 맺는 것을 선택했는데, 과연 행복할 수 있을까. 옳은 선택이었는지 묻고 싶었다.

얼마나 힘들었으면 그 길을 택했을까. 얼마나 부처님의 가피를 받아 그 길을 갈 수 있었을까. 그 수행과정이 눈앞에 선연하다. 바쁘게 생활하다보니 내 머리에서 잊혀져가고 있을 때 친구는 승계를 받아 천진암에 와 있었다. 한달음에 버스를 타고가 버스에서 내리자 용기가 나지 않아 망설였다. 전화를 했다. 친구 목소리였다. 반가워 이름을 불렀다. 그런데 전화선으로 들려오는 소리가 낯설었다.

"보살님, 조심이 올라오세요."
"너 왜 그래?"
"…."
가는 길이 왜 그리 멀었을까. 친구는 산문 밖까지 나와 기다리고 있었다. 눈물이 앞을 가로막았다.
"어서 오세요."
말을 올릴 수도 내릴 수도 없어 나도 "예." 하고 은행나무 아래 자리를 잡았다.
가을은 잔혹스러울 만큼 참혹했다. 파르라니 깎은 머리 위에 은행잎이 떨어진다. 그 창백한 얼굴이 친구를 더욱 낯설게 했다. 한참의 침묵이 흘렀다.
"너무 슬퍼하지 마세요, 전 이 길을 택했습니다."
"여기도 좋습니다."
"보살님 좋은 인연 만나 행복하시길." 합장을 여러 번 했다. 그래도 난 아랑곳하지 않고 "그런 게 어디 있어." 난 자꾸 평소 친구 대하듯 하는데 친구는 말을 계속 경어체로 올리다 보니 나도 함께 할 수밖에 없었다. 이야기 속에 청춘시절의 그녀는 기억하고 있었다.
"다 부질없는 짓입니다."
"제 마음에는 부처님이 계시지 않습니까."
해가 저물어 가도록 많은 애기를 나누며 하염없이 눈에서 액체가 흘러 내렸다. 친구와 살아가는 길이 너무 다르기 때문에 생각을 바꾸었다.
초라하기 그지없는 조그마한 임자지만 신 이레 환하게 우뚝 솟은 은행나무가 위용을 부린다. 산문을 내려오며 그래, 좋은 수행을 많이 하고 건강하길. 다른 세계에서 살지만 우리 우정은 변함이 없는 거다. 천진암을 다녀온 후 여러 차례 더 다녔다. 그러다 나는 인연을 만나 결혼하게 되었다. 신혼집으로 J스님과 친구스님을 초대하여 조촐한 식사를 하였다. 나는 스님과 인연이 언제까지고 이어질 수 있을 줄 알았다.

스님과 난 다른 세계를 가고 있어 만나기 어려웠다. 암자를 찾을 때면 응석을 부리고 싶어 친구 이름을 부르려 해도 스님은 나에게 보살님이라며 존대했다. 내 마음이 행복하거나, 울적하거나, 시끄러울 때 털어 놓으면 모든 것이 편안해졌다. 그러나 어느 순간 속세 H이야기를 언뜻 꺼내다가 소스라치게 놀라며 멈추는 거였다. 자꾸만 멀어져 가는 사랑과 감정으로 이승과 저승 거리의 세계랄까.

낯설어지는 만남은 자주 이어지질 않았다. 오솔길을 걸어가며 그 시간이 스쳐온다. 추적추적 내리는 비는 온통 붉은빛 노란빛을 생생하게 만들고 있었다. 지난 해 봄에도 스님이 아파 암자에 있지 않고 요양을 하고 있어 보지를 못했다. 오늘은 혹시나 있지 않을까 기대를 하며 걸었다.

마음을 천진암에 두었더라면 어쩌면 나 또한 그 세계에서 수행하고 있을지 모른다. 속세에 물든 난 쉽게 벗어나질 못해 현실에서 안주하며 살고 있다. 이 세상 존재하며 내 안의 불심을 품어 피우고 있지만, 천진암 하면 노란 은행나무가 나를 생생하게 맞이했다. 계단을 오르자 샛노랗게 반짝이는 은행잎이 더 넉넉한 눈부심으로 눈에 살며시 들어왔다.

부처님을 찾아 삼배하고 삼신각을 들렀다. 정갈하고 섬세하기까지 하여 멋스러움이 풍기는 비구니스님 모습이다. 나실에는 속세에서 쓰던 스님의 피아노가 놓여 있어 반가웠다. 같이 피아노를 가르쳤기 때문에 서로 음악을 얘기할 때면 더욱 잘 통했다. 그리고 스님을 찾았지만 여기에 없다. 오래 전에 계셨던 스님이라는 말에 가슴이 철렁 내려앉았다.

인연은 어디까지일까. 지금도 노오란 햇살은 천지를 휘감고 나풀거린다. 스님은 어디서 무엇을 하며 그 인연과 지금도 병마와 싸우고 있을까. 풍경소리만이 바람에 스쳤다.

내 마음을 들여다보는 듯, 주저리 열린 홍시는 나뭇잎을 다 떨치고 모든 걸 버리듯 볼을 붉히고 있는 듯하다. 산문은 점점 사위어가고 난 돌 계단을 내려오다 다시 뒤돌아보았다. 천진암은 형언할 수 없는 표정으로 노오란 은행잎은 보이지 않을 때까지 손을 흔들고 내 눈에 가물거리게 했다. 가물거리는 천진암을 뒤로하고 흔들리는 옷자락을 여미었다.

동시

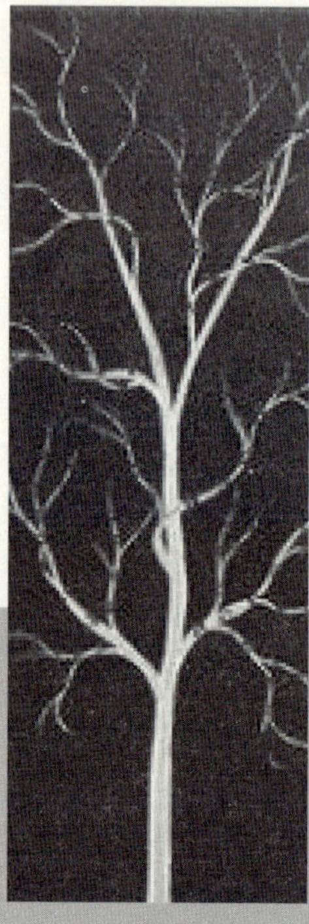

단풍잎

김성녀

뒷산 단풍잎은
빨간 치마
길가의 은행잎은
황금 조끼

빨간 단풍치마
황금 은행잎 조끼

우리 동생 곱게 곱게
입혀 주었으면

콩닥콩닥

아빠가 기분 좋으면
엄마 얼굴도 활짝 피는 꽃
하지만 화가 나서
엄마 아빠 큰 소리로 다투면
콩닥콩닥 뛰는 내 가슴

하지만 하룻밤 지나
아침이 되면
언제 그랬냐는 듯
웃음꽃 곱게 피는
푸른 동산 되지요

이름 부르기

김두례 g1004you@hanmail.net

산에 살아
산까치

집에 살아
집토끼

들에 살아
들고양이

사는 곳 따라
이름 부르지요.

웃음

반디마을 길에
천하대장군 지하여장군
입꼬리를 올려 활짝 웃는다

약속한 부부처럼
흙먼지 폴폴 날리는 트럭이 지나가도
허허~호호~

염소들이 지나가며
똥을 또르또르르
굴려도
허허~호호~

장승부부 앞을 지나는 사람들도
웃음이 전염 되어
하하호호~

쉿! 엉덩이가 가려워

신양진 sygene76@empal.com

옛날 사람들은 꼬리가 있었대
지금은 엉덩이 속에 쏙 감춰 있지만
가끔 엉덩이가 가려울 땐 생각해
꼬리가 나오려나

옛날 사람들은 꼬리로 뭘 했을까
청소할 땐 빗자루 대신 쓱싹쓱싹
여름밤엔 꼬리 부채질 살랑살랑
심심할 땐 나무에 매달려 대롱대롱

바지 뒤에 구멍도 있었겠다
구멍 밖으로 꼬리를 쭉 빼서
누가 더 멋있나 뽐내고 다녔을 거야

쉿, 엉덩이가 가려워
꼬리가 나오려나

오이

너는 왜
오돌토돌 까칠 거리니?
가만 보면 너는
내 짝꿍을 닮았어
툭하면 신경질이거든

속은 다르려나?
너처럼 다르려나?
부드러운 마음이 그 속에 있으려나
향긋하고 시원한 맛이 그 마음속에 있으려나

어쩌지?
사람 속은 자를 수가 없잖아

에잇!
답답한 마음
고추장에 너나 콕 찍어 먹어야겠다.

민들레 작전

정미경 jmk4033@naver.com

이렇게 가벼워지기까지
얼마나 많은 시간을 견뎌 왔을까

먼 바람에 실려 오는
낙하산 부대
내릴 곳 찾아 두리번거린다

먼지 낀 창문 틈
외딴 담벼락 그늘 아래
보도블록 사이

어디든 내려앉아
뿌리 내리려는 낙하산 부대

향기로운 침투 작전

우리집

나는
월요일부터
금요일까지
할머니 집에서
산다

토요일부터 일요일까지는
엄마 집에서
산다

그럼
우리 집은
어디에 있는 걸까

발자국

이진숙 jsgreenl@hanmail.net

아이 하나 앞장선다.
그 뒤를 또 하나의 아이가
따라 걷는다.
나도
따라 걷는다.
한
줄
로.

밤하늘

하얀 도화지에
까만색 크레파스로
그림을 그리면
밤은
파란하늘을 덮고
별은
하얗게 빛난다.

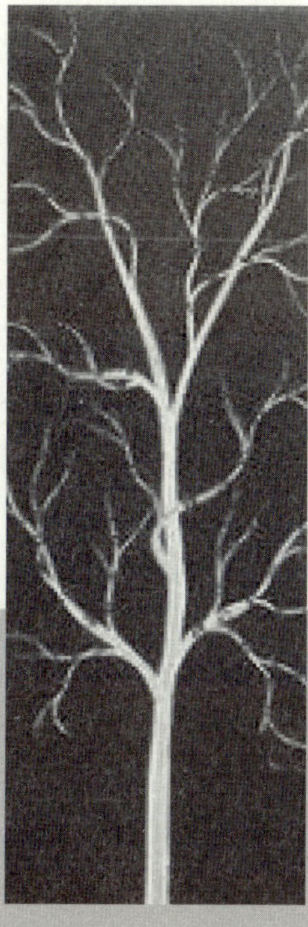

동화

종이우산

구본석 stone0605@hanmail.net

"박 샘 바꿔 주세요!"

다짜고짜 어눌한 말투로 엄마를 바꿔 달라는 걸 보니 푸름이 형이다. 형은 요즘 들어 하루도 거르지 않고 우리 집으로 전화를 건다. 내가 입 모양만으로 '또 전화 왔어!' 라고 말하자 엄마가 빨래를 널다 말고 쪼르르 달려왔다. 고무장갑을 아무렇게나 내팽개치고 말이다.

"어디야?"

엄마의 첫마디는 늘 한결같다. 푸름이 형이 셔틀버스를 타고 집으로 가다가 중간에서 또 내린 모양이다.

"기차 소리가 나는 걸 보니, 지하철 맞지?"

형은 분명히 자기가 지금 어디에 있는지 엄마한테 알아맞혀 보라고 했을 것이다.

"조금만 놀다가 어서 들어가. 안녕!"

엄마는 푸름이 형이랑 마주 보고 있는 것처럼 손을 흔들었다. 그 순간 엄마랑 똑같이 손을 흔드는 형이 떠올라 웃음이 나왔다.

"형 엄마는 야단 안 쳐요?"

내가 만약에 혼자 돌아다닌다면 엄마는 길 잃어버린다고 닦달할 게 분명하다.

"푸름이는 이야기할 상대가 없으니 얼마나 답답하겠니? 넌 친구가 많아 이해 못 하겠지만…. 참, 요즘엔 얼마나 숙제도 잘하는지 몰라. 이번엔 수학도 다 맞췄다니까."

엄마는 슬그머니 말꼬리를 흐리더니 뜬금없이 푸름이 형 자랑을 늘어놓았다. 형이 하는 셈이라 해봤자 겨우 한 자릿수끼리 더하고 빼는 게 전부라는 걸 아는 데 말이다.

"재민아!"

엄마가 전화를 받고 급하게 나가더니 한참 만에 돌아왔다. 직접 비밀번호를 누르고 들어오면 될 텐데 열어달라고 하니 짜증이 났다. 새로운 게임에 들어가려는 참인데…. 나는 얼굴을 찌푸린 채 문을 열었다. 엄마 뒤에 나보다 두어 살 많아 보이는 형이 서 있었다. 코 밑에 있는 점 하나가 눈에 띄었다.

"누구?"

깜짝 놀라 뒷걸음질하자 엄마가 어서 장바구니를 받으라고 내밀었다. 장바구니를 받으며 엄마 뒤를 힐끔 보니 어디서 본 듯한 얼굴이었다. 혹시? 푸름이 형일지도 모른다는 생각이 퍼뜩 들었다. 날마다 우리 집으로 전화하던 형이라 실제로 어떻게 생겼을까 무척 궁금했다.

"푸름이도 어서 들어 와!"

엄마가 형의 이름을 부르는 걸 보니 틀림없었다. 푸름이 형은 내 눈치를 살금살금 살피며 엄마 뒤로 숨었다. 나보다 키가 조금 큰 것 같은데 엄마 뒤에 숨어 있으니 작아 보였다.

"미리 말도 안 하고 데리고 오면 어떡해?"

엄마를 따로 불러 따지듯이 물었다. 엄마는 손가락을 입에다 대고 조용히 말하라는 시늉을 했다.

"푸름이 형 아버지께서 갑자기 다치는 바람에…. 마침 아빠도 출장 가고 안 계시니 하룻밤만 같이 지내면 돼."

엄마는 항상 내 마음을 몰라준다. 아빠가 안 계시는 날은 게임을 마음껏 할 수 있는데 하필이면 이럴 때 데리고 왔는지 모르겠다. 푸름이 형 아빠가 다친 것은 좀 안 됐지만, 기분은 엉망이었다.

"우리 재민이가 좋아하는 거 사 왔는데…."

엄마가 내 눈치를 살피며 장바구니를 열었다. 어떤 걸 사왔을까 궁금했지만, 못 들은 척 방으로 들어왔다.

"푸름이는 만화영화 볼래?"

엄마가 가스 불에 프라이팬을 올려놓은 뒤 텔레비전을 켰다. 주방에서 엄마 꽁무니만 쫓아다니던 푸름이 형이 소파에 앉았다.

"와! 우리 푸름이가 좋아하는 숲 속의 공주네."

엄마가 더 좋아하며 환한 표정을 지었다. 푸름이 형도 빙그레 웃었다. 엄마랑 형이 어찌나 다정해 보이는지 약간 샘이 났다. 나도 어릴 적에 용으로 변한 마귀할멈을 멋지게 해치우는 왕자를 좋아했는데 말이다. 거실 쪽으로 곁눈질하다가 엄마와 딱 마주쳤다. 당황스러워 얼른 고개를 돌렸다.

"재민아!"

엄마가 어서 나와서 같이 만화영화를 보자며 내 이름을 불렀다. 나갈까 말까 망설였다. 엄마가 또 내 이름을 불렀다. 나는 그제야 못 이기는 척 거실로 나갔다.

"너희 둘, 형제 같네!"

푸름이 형은 뭐가 좋은지 엄마 말에 배시시 웃었다. 엄마는 나랑 형이 집에 있으니 든든하다며 외할머니를 모시러 나갔다. 처음엔 혼자 있는 것보다 푸름이 형이랑 있으면 덜 심심할 것 같았다. 하지만 얼마쯤 시간이 더 흐르자, 푸름이 형은 나랑 같이 있는 게 불편한 모양이었다. 말을 걸어도 아무런 대꾸가 없으니 슬슬 따분해지기 시작했다.

엄마한테서 문자메시지가 왔다. 조금 늦겠다며 푸름이 형을 잘 돌봐달라는 내용이다. 오늘은 외할머니의 정기 검진일인데 토요일이라 병원에 환자가 많은 모양이다

"꼬르륵!"

아침밥 먹은 지 얼마 안 되었는데 벌써 배가 고팠다. 날씨가

쌀쌀해서 그런지 따뜻한 어묵이 생각났다. 푸름이 형은 소파에 쭈그리고 앉아 문을 뚫어지게 보고 있었다. 꼭 엄마를 기다리는 아이처럼 보였다.

혼자 나가서 어묵을 사 먹으려고 살짝 문을 열었다. 문을 잠그려고 하니 어느새 푸름이 형이 현관까지 나와 있었다. 혹시 나갔다 오는 사이에 엄마가 오면 혼날 것 같아서 푸름이 형한테 따라오라고 했다.

"재민아!"

길에서 오랜만에 민수를 만났다. 민수는 입꼬리를 올리며 반가워하더니 푸름이 형을 보자마자 귓속말을 했다.

"넌 형이 없다고 했잖아."

"그래. 형이 없지."

"그럼 옆엔 누구야? 너랑 닮았는데…."

겨우 코 밑에 있는 점 하나 때문에 나랑 닮았다니, 말도 안 되는 소리다. 그래도 행여 닮은 데가 있나 싶어 푸름이 형 얼굴을 힐끔 쳐다봤다. 하지만 아무리 쳐다봐도 눈, 코, 입 모두 나랑 달랐다. 민수 눈이 어떻게 된 모양이다. 민수는 궁금한 걸 못 참는 성격이라 자꾸 누구냐고 캐물었다.

"우리 엄마가 토요일마다…."

이야기를 꺼내다가 바쁜 일이 있다며 서둘러 민수와 헤어졌다. 민수한테 푸름이 형이 지적장애를 가진 중학생이라고 말하기 싫었기 때문이다.

"빨리 먹어!"

푸름이 형이랑 있는 게 귀찮아서 내 말투마저 거칠어졌다. 푸름이 형이 내 눈치를 살피며 허겁지겁 어묵을 먹었다. 내가 국물을 컵에 반만 뜨니 푸름이 형이 따라 했다. 국물이 뜨거워 식히려고 '후후' 입으로 부니 그것도 따라 했다.

"앗! 뜨거워."

푸름이 형이 국물을 세게 부는 바람에 내 얼굴에 튀었다. 너무 뜨거워 화들짝 놀라며 얼굴을 찌푸리니 푸름이 형이 미안해서 어쩔 줄 몰라 했다. 형이랑 같이 있다가는 또 무슨 일이 생길 것 같아서 어서 집으로 가자고 했다.

"아니, 어디 갔지?"

문구점을 지나 뒤를 돌아보니 푸름이 형이 보이지 않았다. 눈앞이 아찔했다. 형을 찾으려고 정신없이 상가를 두 바퀴나 돌았지만, 보이지 않았다. 만약에 형을 잃어버리면 엄마한테 혼날 것 같아서 눈물이 찔끔 나왔다. 혹시 문구점에 있을까 두리번거렸으나 보이지 않았다. 상가 밖에도 나가보았으나 푸름이 형이 보이지 않았다. 털레털레 문구점으로 다시 왔다.

"너, 형 찾니?"

문구점 아저씨가 말을 걸었다. 문구점 안으로 들어가 보니 푸름이 형이 일기장을 만지작거리고 있었다. 너무 창피해서 푸름이 형을 얼른 끌고 나왔다.

"일, 일기장이 예뻐서…."

이렇게 멍청한 중학생을 엄마는 친자식처럼 여기다니. 게다가 문구점 아저씨까지 우리 형이라 생각하니 도저히 참을 수가 없었다. 푸름이 형이 나에게 한 것처럼 그동안 엄마를 아주 힘들게 했을지도 모르겠다는 생각이 들었다. 엄마 모르게 혼내 주고 싶었다.

"형이 지금부터 술래야!"

푸름이 형한테 얼음 땡 놀이를 하자고 하니 고개를 끄덕였다. 술래를 정하려고 가위바위보를 할 때 형이 어떤 걸 내는지 기다렸다가 넌지시 가위를 내밀었다. 형이 보를 먼저 내미는 바람에 나한테 지고 말았다. 그래도 술래가 된 게 좋은지 마냥 웃었다.

"내가 얼음이라고 외치면, 그때부터 절대로 움직이면 안 돼! 알았지?"

술래인 형한테 나를 잡아 보라며 일부러 으슥한 곳으로 도망갔다.

"얼음!"

푸름이 형한테 잡힐 뻔했을 때 큰소리로 외쳤다. 형은 깜짝 놀라며 어정쩡한 자세로 멈춰 섰다.

"땡! 하고 풀어 줄 때까지 여기서 기다려!"

나는 푸름이 형을 으슥한 곳에 남겨둔 채 집으로 돌아왔다.

배가 고파 냉장고에서 빵을 꺼냈다. 평소에 좋아하는 카스텔라인데 입에서 잘 녹지 않았다. 빵을 그대로 두고 거실로 나왔다. 창밖이 조금 어두워졌다. 별생각 없이 소파에 앉았는데 허름한 가방 하나가 눈에 띄었다. 처음 본 가방이라 호기심에 살짝 열어보았다.

필통 하나와 공책 두어 권이 들어 있는 걸 보니 푸름이 형 가방인 모양이다. 공책을 펼쳐보니 하루도 빼먹지 않고 삐뚤삐뚤한 글씨로 쓴 일기였다. 여러 가지 색깔의 붙임쪽지도 군데군데 있었다. 자세히 보니 엄마가 푸름이 형을 격려하는 댓글이었다.

"하하!"

엄마가 숲 속의 공주처럼 착하고 예쁘다고!

"어!"

또 읽어보니, 박 선생님 아들과 놀고 싶다는 내용이 적혀 있었다. 내 이야기 같아서 계속 읽어 보았다. 나더러 전화를 잘 바꿔 주는 착한 아들이라니! 나는 한 번도 전화를 상냥하게 받아준 적이 없는데….

10월 8일

오늘은 비가 조금 왔다.

손으로 우산을 만들어 쓰니 하나도 맞지 않았다.

♣ 그래, 참 장하네. 다음에 비가 많이 오면 우리 푸름이가 어떤 걸로 우산을 만들어 쓸지 궁금하구나. ♣

일기를 읽으며 그동안 몰랐던, 푸름이 형과 엄마 둘만의 이야기를 알게 되었다. 엄마가 '푸름이 형은 마음이 느리게 자라는 아이' 라고 말한 이유도 이제는 알 것 같다. 그때 엄마한테서 '곧 간다.' 라는 문자메시지가 왔다. 그제야 푸름이 형을 혼자 두고 온 게 생각났다. 당장에라도 엄마가 오면 어떻게 말해야 할지 덜컥 겁이 났다. 엄마가 오기 전에 푸름이 형을 데려오려고 밖으로 나가서 정신없이 뛰었다.

저만치 여태 그 자리에 푸름이 형이 서 있었다. 허리춤에서 멈춘 손도 그대로였다. 너무 어이가 없었다.

"푸름이 형!"

큰 소리로 불렀지만 꼼짝하지 않았다. 어서 '얼음' 부터 풀어 줘야겠다는 생각이 들었다.

"땡!"

얼음이 풀리자 푸름이 형은 나를 기다렸다는 듯이 빙그레 웃었다.

"배…."

푸름이 형이 배를 만지며 배고픈 시늉을 했다.

"왜 이러고 있었어?"

꾸짖듯이 말했지만, 푸름이 형이 고마웠다. 빨리 집에 가서 형이랑 빵을 먹으려고 서둘러 뛰기 시작했다. 그때 검은 구름이 몰려오더니 갑자기 비가 내렸다.

"이렇게 하면 비 안 맞아!"

푸름이 형이 손을 이마에 올려 손 우산을 만들었다. 나도 형처럼 손 우산을 만들었다. 차츰 빗줄기가 굵어지자 손 우산만으로는 비를 피할 수가 없었다. 눈에 띄는 슈퍼에 들어가서 빈 상자 하나를 얻어 왔다. 푸름이 형이랑 뒤집어쓰니 제법 그럴듯한 우산이 되었다.

"우와! 종이우산이다."

푸름이 형 목소리가 종이우산 안에서 울려 퍼졌다.

보물을 지켜라

한태경 asheri@hanmail.net

내가 비밀 하나 말해 줄까.

내 이름은 카심, 나는 아주 옛날 페르시아에 살고 있었어. 나한테는 동생이 있었는데 이름은 알리바바야. 알리바바는 산속 동굴에서 도적들의 보물을 잔뜩 가져와 부자가 됐어. 나는 부러워서 견딜 수가 없었지. 그래서 알리바바에게 동굴 문 암호를 알아내 아무도 몰래 산으로 올라갔어.

"열려라, 참깨!"

세상에! 암호를 대자마자 덜거덕거리며 바위 문이 열리지 않겠어. 동굴 안에는 번쩍번쩍 빛나는 보물이 가득했어. 나는 정신없이 보물을 자루에 담았지. 그래서야. 암호를 까맣게 잊어버린 건. 보물을 가득 챙긴 후에 동굴에서 나가려는데 암호가 기억나지 않는 거야.

열려라 수박! 열려라 오이! 아니, 열려라 방울토마토! 아니, 아니. 고추! 들깨! 콩깨! 아아….

그러다가 그만 동굴로 돌아온 도적들에게 잡히고 말았어. 이젠 절대 잊지 않아. 열려라, 참깨! 그 조그만 참깨가 왜 그렇게 생각나지 않던지. 그때 알았어. 중요한 건 참깨처럼 아주 작은 거라는 걸.

후유, 아마 백만 년은 지난 것 같아. 도적의 마법에 걸려서 동굴 문이 되었던 나는 열림이 네 현관문으로 다시 태어났어. 암호를 눌러야 들어갈 수 있는 문이야. 왜 암호 키가 달린 문으로 태어났느냐고? 그건 훔치는 카심이 아니라 지키는 카심이 되고 싶어서야. 난 이제 열림이네 집을 지키는 문지기라고. 집 안으로 들어가고 싶으면 암호를 눌러. 암호를 모르면 절대 못 들어가니까. 내가 들여보내 주지 않거든. 어때? 멋지지 않니? 하하하하하.

며칠 전 일이었어. 시장에 다녀온 열림이 엄마가 엉터리 암호를 마구 눌러 댔어. 나는 암호를 알고 있지만 가르쳐 줄 수는 없어. 암호는 스스로 기억해 내야 하거든.

–9.1.2.7.1.3. 삑 삐리릭.

아니, 아니에요.

–9.2.1.7.1.4. 삑 삐리릭.

아니라니까요. 잘 생각하고 누르란 말이에요!

내가 소리를 지르니까 열림이 엄마가 깜짝 놀랐나 봐. 괜히 손잡이를 잡아 흔들고 번호 키 덮개를 열었다 닫았다 하지 뭐야. 나는 마음속으로 외쳤어.

마지막 두 자리는 열림이네 반이에요. 일 학년 오 반!

열림이 엄마는 고개를 갸웃거리더니 다시 번호를 누르기 시작했어.

–9.2.2.7.1.5. 삑 삐리리리릭. 덜컥!

드디어 문이 열렸어. 열림이 엄마가 암호를 기억해 내서 정말 다행이야. 암호를 잊으면 주인이라도 문을 열어 줄 수는 없으니까 말이야.

아, 심심해. 오늘은 온종일 아무도 오지 않았어. 열림이네 가족이 휴가를 갔거든. 오늘 밤에 돌아온다고 했으니까 조금만 기다리면 돼.

가만, 이게 무슨 소리지? 발걸음 소리야. 살금살금 걷는 발걸음 소리. 열림이네가 벌써 돌아온 걸까. 아니, 아니야. 처음 보는 사람이야. 왜 저렇게 두리번거리지? 검은 모자는 왜 푹 눌러쓴 거야?

남자는 두리번거리더니 가방에서 기다란 물건을 꺼냈어.

저게 뭐지? 앗, 내게 다가오지 마! 나한테 무슨 짓을 하려는 거야?

—칙! 치지직!

으악! 불꽃이 번쩍하더니 온몸에 전기가 흘렀어. 아, 머리 아파. 이게 무슨 일일까. 집안이 온통 난리법석이야. 모자를 쓴 남자가 신발도 벗지 않고 마구 돌아다녀. 저, 저 사람은! 도둑이야 도둑.

무서워서 온몸이 벌벌 떨려. 어? 저건 열림이 엄마 반지랑 목걸인데! 열림이 돼지저금통도 들고 있잖아. 그걸 가져가려고? 안 돼. 내가 지켜야 해. 들어올 땐 엉겁결에 당했지만 절대 못 나가! 자, 싸워 보자고!

도둑이 다가와서 열림 버튼을 꾹 눌렀어.

"에잇! 왜 안 열리는 거야?"

왜 안 열리긴. 내가 온몸에 힘을 주고 버티고 있거든. 그럼 순순히 열어 줄 것 같아? 어림없지.

도둑은 몇 번이나 버튼을 눌러보더니 암호 키에 들어 있는 건전지를 모두 빼버렸어. 내가 소리를 지를까 봐 그런 것 같아. 그러고는 씩씩거리며 가방을 열었어.

"이거면 되겠지."

아까 그 불꽃 기계를 쓰려나 봐. 그건 안 돼. 안 된다고!

—칙! 지지지직!

으악! 이대로 질 순 없지. 이 불꽃을 너에게 되돌려 줄 테다.

나는 있는 힘을 다해서 불꽃을 튕겨냈어.

"악!"

도둑이 비명을 지르며 쓰러졌어. 불꽃이 닿았나 봐.

이제 나도 싸울 힘이 없어. 온몸에서 힘이 쭉 빠져나가는 게 느껴져. 눈앞이 점점 하얘지네. 어지러워.

얼마나 지났을까. 사람들이 웅성거리는 소리가 들려. 음…. 나 아직 살아 있는 걸까. 간신히 눈을 뜨고 둘러 봤어. 어, 열림이가 앞에 있네. 아파트 경비 할아버지와 경찰 아저씨도 보여. 후유, 살았다. 그런데 도둑은 어떻게 됐을까?

"뭐 이런 놈이 다 있대? 도둑놈이 큰 대자로 벌렁 누워 있네."

경비 할아버지가 혀를 쯧쯧 찼어.

"전기 충격기에 감전당해서 기절한 것 같습니다. 손에 화상도 있네요."

경찰 아저씨는 도둑에게 수갑을 채웠어.

"현관문 열쇠를 다시 하셔야겠습니다. 요즘 휴가철이라 도둑이 극성이에요."

열림이가 고개를 갸웃거리며 망가진 암호 키를 들여다봤어. 열림이는 알까? 내가 불꽃을 튕겨내 도둑을 잡았다는 걸. 도둑과 싸워서 내가 이긴 거라고.

열림이 엄마가 고개를 저었어.

"아휴, 우리 집에 뭐 좋은 게 있다고."

열림이 아빠가 말했어.

"좋은 거? 있지. 있고말고. 우리 집에 보물이 하나 있지."

"네?"

열림이와 엄마가 동시에 눈이 동그래졌어.

보물이 있다고?

나도 깜짝 놀랐어.

열림이 아빠가 큰 소리로 웃었어.

"우리 집 보물은 말이야. 바로…, 우리 열림이지!"

열림이 엄마도 고개를 끄덕이며 따라 웃었어.

"맞아요, 맞아. 열림이가 우리 집 보물이죠. 그렇고말고요."

아빠 엄마는 열림이를 꼭 안아주었어.

하하하. 깜박 잊고 있었어. 중요한 건 참깨처럼 아주 작다는 걸. 난 작지만 소중한 보물을 지키는 문지기 카심이라고.

빗살무늬 토기의 비밀

조계향 ricegimchi@hanmail.net

암사동 선사유적지에 도착해 정문에서 막 바로 눈에 띈 것은 흙으로 빚은 것 같은 끝이 뾰족한 커다란 그릇들이었다. 항아리인 줄 알았는데 모양도 달랐고 만져보니 꺼끌꺼끌한 것이 감촉도 달랐다.

"이게 뭐지?"

내 말이 떨어지기 무섭게 옆에 있던 빛나가 쪼르르 나서서 말했다.

"저건 신석기 시대 빗살무늬토기라는 거야. 진짜가 아니라 모형이긴 하지만."

하여간 빛나는 '나잘나'라는 별명답게 잘난 척도 하지만 아는 것도 많다. 빛나와는 유치원 때부터 같이 다녔다. 같은 초등학교에 입학해 4학년인 지금은 같은 반이 된 것도 모자라 짝꿍까지 되었으니 이런 걸 운명의 장난이라고 불러도 될까? 지금 빛나가 하는 말을 우리 엄마가 들었다면 분명 이렇게 말했을 것이다.

"아유, 빛나는 어쩜 이렇게 척척척일까? 너무 대견하고 예뻐요."

우리 엄마는 빛나만 보면 늘 입에 침이 마르도록 이런 칭찬만 한다. 공부는 물론 모든 것에 골고루 호기심과 관심이 많고 나이에 맞지 않게 미리 준비하고 챙기는 빛나의 모습은 야무지다 못해 똑 부러진다는 소리를 들을 만하다. 이번 견학도 빛나는 미리 선사유적지 홈페이지 들어가서 검색하고 또 집에 사다놓은 책들도 한 번 보고 궁금한 것들은 물어보려고 메모까지 해서 가져왔다고 했다. 엄마가 괜히 빛나와 함께 선사유적지 견학을 다녀오라고 팀을 짜준 것이 아니다. 빛나의 그런 점을 보고 배우라는 것이다.

"우선 체험마을로 가서 둘러보고 원시인들 여름나기 체험해 본 다음에 전시관, 체험움집 순서로 들러서 보고 토기 만들기 체험하러 가면 시간이 딱 맞겠다."

빛나는 역시 빛나답게 미리 검색해온 프로그램 시간표를 보고 우리가 다녀야 할 순서를 정했다.

체험마을로 가는 길옆에는 나무로 만든 멧돼지 말 등 여러 모형 동물들이 잔디위에 세워져 있었다. '그 옛날 선사시대에 살았던 동물일까?' 모형 동물들을 보자 그런 생각이 문득 들었다. 이윽고 <선사마을 체험>이라는 간판이 걸려 있는 곳에 도착하니 막 바로 '시간의 길' 이라고 써져 있는 입구가 보였다.

현재에서 과거로의 여행, 시간의 길을 따라 6000년 전 신석기 마을로 떠나보세요~

입구에는 화살을 들고 있는 더벅머리 원시인 꼬마아이 그림이 방문객들을 반기고 있었다.

'6000년 전 사람들이 어떻게 살았는지 내가 꼭 알아야 해? 난 과거보다는 미래가 더 궁금하다고!'

작은 소리로 혼자 중얼거렸는데도 빛나가 들었나보다. 좀 진지하게 구경하자며 나한테 눈치를 주었다.

'시간의 길'로 들어가려고 건물입구에 막 들어섰을 때 갑자기 오른쪽 발바닥이 뜨끔했다. 발을 들어 살펴보니 발밑에 도토리 한 알이 있었다.

'여기에 웬 도토리?'

빛나가 보기 전에 얼른 주워 바지 주머니에 넣었다. 별거 아닌 걸 보더라도 빛나가 보면 이건 어떻고 저건 어떻고 말이 많아질 게 분명하기 때문이다.

'시간의 길' 안에서는 옛날 사람들이 살면서 사용하기 시작한 도구들이 어떻게 발달되어 왔는지를 알 수 있는 영상물을 보여주었다. 돌로 도구를 만들어 사용하던 신석기 시대의 여러 도구들이 나오고 소 두 마리가 논을 갈고 있는 모습이 나타날 무렵엔 내 눈꺼풀은 돌로 만든 그물추가 주렁주렁 달린 듯 무거워졌다.

"내 도토리 돌려줘!"

앙칼진 소리에 놀라 누군가 싶었는데 내 앞에 어떤 여자아이가 빨리 내놓으라는 듯 손을 내밀고 서있었다.

"나? 나한테 하는 말이었어?"

"여기 너 말고 누가 있다고? 빨리 내놔!"

"내가 무슨 도토리를 가지고 있다고 그래? 진짜 이상한 애야."

"네가 가져갔잖아. 주머니에 넣는 거 다 봤거든."

그 말에 아까 '시간의 길' 건물입구에서 주운 그 도토리가 떠올랐다. 주머니에에 있는 도토리를 손으로 만지작거리며 줄까 말까 생각했다. 그런데 생각보다 여자 아이 표정이 너무 진지해서 왠지 장난을 치면 안 될 것 같았다.

"휴, 난 네가 안 주면 어떡하나 하고 얼마나 마음 졸였는데…."

"이깟 도토리 한 알이 뭐라고 마음까지 졸였다고?"

"이깟 도토리 한 알이라니? 토기 안에 넣어져 있던 귀중한 종자인데!"

"귀, 귀중한 조, 종자? 다람쥐 먹이가 그렇게 중요한 거야?"

"다람쥐? 넌 딴나라에서 왔니? 이건 우리가 먹는 귀중한 식량이잖아. 내년에 심으려고 종자로 남겨둔 거 몰라?

"그렇게 귀중한 거면 가만 놔두지. 왜 들고 다니다 잃어버렸어?

"엄마한테 급히 갖다 주려던 거야. 마지막으로 이거라도 주고 싶어서."

갑자기 여자아이가 눈물을 글썽이더니 휙 돌아서 뛰어갔다.

'체험마을이 진짜 그럴 듯 한데? 은근 재밌을 것 같아. 저 여자 아이는 정말 진짜로 선사시대 애하고 똑같이 잘한다. 그런데 빛나는 어디로 간 거야?'

아무리 둘러보아도 빛나는 보이지 않았다. 하는 수 없이 놓칠세라 나는 얼른 그 여자 아이를 따라 달려갔다. 자갈처럼 작은 돌을 많이 얹어 볼록하게 쌓아져 있는 곳 앞에 뛰어가던 여자 아이가 섰다.

"아무것도 못 먹고 가서 엄마 배고프지? 도토리와 곡식 한 줌뿐이지만 이거라도 드세요. 엄마."

여자 아이는 눈물을 흘리며 엄마 무덤 위에 올린 돌 하나를 들추고 손에 쥐고 있던 도토리와 곡식을 그 안에다 넣었다. 그 모습을 보고 있자니 왠지 마음이 찡했다. 그 여자아이는 그것이 엄마 무덤이라고 했다.

"그 동안 큰 비가 아주 오랫 동안 내려서 마을에 먹을 것이 다 떨어졌거든. 다행히 오늘은 날이 좋아져 어른들은 다 사냥 나가서 마을에는 아무도 없어"

"아무도 없을 때 토기 안에 넣어 둔 열매와 곡식을 엄마한테 갖다 주려고 일부러 혼자 남은거니?"

내말에 여자 아이는 고개를 끄덕였다.

"토기 안에 보관해둔 종자는 어느 누구라도 건드려서는 안되거든. 그렇지만 내내 앓나가 아무것도 못 먹고 돌아가신 엄마가 너무 불쌍해서…."

난 지금 이것이 선사마을 체험일지도 모른다고 생각했는데 여자 아이가 훌쩍거리며 말하자 진짜로 선사시대 아이인 것 같았다. 그러고 보니 입은 옷도 그렇고 머리도 더풀더풀한 것이 좀 전에 입구에 그려져 있던 더벅머리 꼬마아이를 영락없이 닮아 있다. 그뿐만 아니라 지금 딛고 있는 땅바닥도 아까

들어올 때와는 달리 모래가 훨씬 더 많았다. 여러 채의 움집이 옹기종기 있는 모습이 눈에 들어왔고 갑자기 주위의 모든 것이 딴 세상처럼 낯설게 느껴졌다.

"야, 진짜 못 말린다. 그 짧은 시간에 어떻게 이렇게 잠을 잘 수가 있냐?"

누군가 내 어깨를 툭 치며 말했다. 그 소리에 깜짝 놀라 눈을 떴다.

어라, 내가 깜빡 잠이 들었단 건가? 손으로 얼른 주머니를 뒤져 보았다. 호주머니에 넣어 두었던 도토리가 만져지지 않았다. 주머니까지 까뒤집어 보았지만 없었다. 허둥지둥 '시간의 길' 출구를 향해 걸어가고 있는 빛나 뒤를 쫒아갔다.

"자, 여러분들이 쓰고 있는 모든 물건들은 어떻게 해서 생겨나게 된 것일까요?"

빗살무늬 토기 만들기 체험시간에 선생님이 우리에게 물었다.

"아빠 엄마가요. 돈을 주고 사서요."

누군가 이렇게 대답하자 모두 와! 하고 웃었다. 선생님도 웃으며 말했다.

"지금 우리가 쓰는 컴퓨터나 기계 등 모든 도구나 물건들은 사람들이 살면서 생기는 문제들을 해결하기 위해 생겨난 것들이에요. 신석기 시대 빗살무늬 토기도 마찬가지죠. 그 당시에 어떤 문제가 있어서 이 토기를 만들었을까요?"

"곡식이나 음식 같은 걸 담거나 보관해야 하는데 그런 것이 없어서요."

"그래요. 그럼 이 시대에는 그릇에 보관할 만큼 곡식이 있었다는 거네요. 그렇다면 토기를 만들기 위해서는 무엇이 있어야 할까요?"

어떤 아이는 물레라고 대답했다. 워낙 생각이 깊은 빛나는 좀 더 생각하는 눈치였다.

난 선사시대 여자아이가 도토리를 꺼냈다던 토기가 떠올랐다. 얼른 손을 들고 흙과 불이 있어야 한다고 대답했다. 선생님이 아주 똑똑하다고 엄지손가락을 치켜세웠다. 난 처음 듣는 칭찬에 기분이 좋아졌다. 빛나의 깜짝 놀라는 얼굴표정도 볼만했다.

"토기를 구우려면 보통 불로는 안 되고 아주 높은 온도의 불이 있어야 해요. 이 시대 사람들은 불을 잘 다루었다는 걸 알 수 있지요. 자 그럼, 선생님이 시범 보여줄 테니 잘 보고 토기를 만들어 볼까요?"

나는 도토리를 엄마무덤에 놓아준 아까 그 여자아이를 생각하며 토기를 만들었다. 토기 겉면에는 따스한 해와 비를 맞으며 곡식들이 잘 자라라는 마음을 담아 햇빛과 빗줄기를 나타내는 무늬를 새겼다. 다 만들고 보니 빗살무늬토기를 닮아 있었다.

민들레가 되고 싶어

전자윤 namurain22@daum.net

초등학교 운동장 화단에 봄꽃이 가득 피어있었습니다. 하얀색 목련꽃, 붉은 빛깔 매화, 노란 개나리 모두 제각각 화려한 모습을 뽐내고 있었지요. 그리고 이제 막 노란 얼굴을 드러낸 민들레도 있었어요. 앙증맞은 노란 꽃잎을 자랑하는 민들레지만 아무도 민들레를 거들떠보지 않았어요. 민들레는 햇빛이 잘 닿지 않은 구석진 자리에 피어있었거든요. 함께 피어난 다른 봄꽃조차 그곳에 피어있는 것을 몰랐습니다.

"저기 목련 좀 봐! 목련이 핀 것을 보니 정말 봄이 왔구나!"

화단 옆을 지나는 사람들은 흐드러지게 핀 봄꽃을 보고 저마다 반가워 한마디씩 했어요.

"여기, 매화도! 어쩜 예쁘기도 하지?"

"봄꽃은 뭐니 뭐니 해도 개나리지!"

민들레는 사람들의 관심을 받는 다른 봄꽃들이 부러웠습니다.

'아! 나도 눈에 띄는 곳에 피었더라면, 좋았을 텐데….'

민들레는 봄꽃들 틈에서 한없이 작아지는 기분이었어요.

"안녕! 귀여운 민들레야!"

"응? 누가 인사했어?"

민들레는 주위를 이리저리 둘러보며 말했어요.

"나야! 바람!"

바람은 화단에 있는 봄꽃들에게 장난을 치며 민들레에게 다가왔습니다. 바람에게서 좋은 냄새가 났어요. 여러 가지 꽃향기도 나고 흙냄새도 났는데, 그 냄새는 비 오고 다음 날에 깨끗해진 공기 냄새와 비슷했어요.

"안녕! 바람아!"

민들레는 수줍게 바람에게 인사를 건넸어요.

"어때? 떠날 준비는 잘 되고 있어? 다음에 어디로 갈지 정했어?"

"응? 내가 어디로 갈 수 있겠어? 난 움직일 수 없잖아?"

"아! 기억나지 않나 보구나. 그럼, 내가 대신 얘기해줄까?"

민들레가 가만히 고개를 끄덕이자 바람은 부드럽게 웃었습니다.

"원래 민들레는 자기가 꽃 피울 곳을 스스로 정한대. 그리고 말이야…."

바람은 민들레 씨앗이 꽃으로 피어나는 과정을 빠짐없이 설명해주었어요. 하지만 민들레에게는 그저 무서운 이야길 뿐이었어요.

"앞으로 넌 씨앗을 품은 하얀 꽃으로 변하게 될 거야."

"싫어! 난 변하기 싫어! 다른 곳에 가고 싶지도 않고. 무섭단 말이야."

"그렇다면 어쩔 수 없지. 난 언제든 네가 떠날 준비 되어 있을 때 다시 찾아올게."

숨을 죽이고 둘의 얘기를 엿듣던 다른 꽃들은 바람이 자리를 뜨자 수군대기 시작했어요.

"민들레꽃을 꺾어 씨앗을 바람에 날려 보내면 소원이 이루어진다는 얘기 알아?"

"응. 알아. 그런데 소원을 들어주는 꽃이라면 너도나도 민들레를 키우겠지. 저런 곳에 피게 됐겠어? 그건 사람들이 그냥 하는 말 같아."

민들레는 봄꽃들의 말을 더는 듣고 싶지 않아서 귀를 막았어요. 하지만 이미 가슴 안에 파고든 아픈 말들까지는 막을 수가 없었습니다.

그날 이후 민들레의 노란 꽃잎이 저물기 시작하더니 어느새 하얀 씨앗들이 보송보송하게 올라왔습니다. 하얀 솜털 같은 씨앗을 머리에 이고 있는 기분은 좀 이상하긴 했지만 생각했던 것과 달리 전혀 무섭지 않았어요.

"에취! 에취!"

아까부터 민들레 주변으로 날아다니던 나비 한 마리가 자꾸 재채기해댔습니다. 민들레 솜털이 코끝을 톡톡 건드리는 통에 재채기를 멈출 수가 없었던 것이었지요.

"에취!"

민들레 씨앗이 발밑으로 투두둑 떨어지고 말았습니다.

"으앙 어떡해? 씨앗이 다 떨어졌으니 난 죽을 거야."

민들레는 눈물을 터뜨리자 나비는 놀란 듯 그대로 도망쳐 버렸어요. 혼자 남은 민들레는 엉엉 울었지만 다행히 죽지는 않았어요. 하지만 이제는 민들레꽃이 아니라 씨앗으로 모습이 바뀌었답니다. 깃털처럼 몸이 가벼워진 민들레는 얇은 바람을 타고 천천히 움직이기 시작했어요. 마치 저 혼자 날개 달린 것처럼 날아갔지요. 그러다 어떤 가게 앞에 있는 인형을 뽑는 기계 위에 살포시 앉았습니다. 유리로 된 기계 안에는 여러 동물 인형이 가득 차있었습니다.

"아! 진짜 고양이가 되고 싶어!"

소리가 들린 유리벽 아래를 내려다보니 까만색 고양이 인형이 보였어요.

"민들레 씨앗이다. 내 소원을 들어주려고 온 거니?"

"잘못 알고 있어. 난 소원을 들어줄 수 없거든. 꽃 피우는 것밖에 못해."

실망한 고양이 인형은 민들레 씨앗을 본체만체했어요. 민들레 씨앗은 미안한 마음에 어쩔 줄 몰라 하다가 그만 인형 뽑기 기계 옆으로 떨어지고 말았답니다.

그렇게 여러 날이 지나, 민들레 씨앗은 시멘트 길바닥에서 노란 꽃잎을 활짝 펴고 꽃으로 다시 태어났습니다. 어떻게 물과 흙도 없는 길가에서 민들레가 피어날 수 있었을까요?

민들레는 시멘트 길바닥의 깨진 틈에 뿌리를 내린 거였어요. 그리고 이따금 내리는 빗물을 흠뻑 마신 덕에 무사히 꽃을 피울 수 있었습니다.

"민들레야! 이제 깨어났어?"

인형 뽑기 기계 안에서 있었던 고양이 인형이 두 눈을 반짝이며 말을 걸었어요.

"이런 곳에서도 꽃을 피우다니…. 넌, 참 대단한 꽃인 것 같아."

"아니, 그게 왜 대단하다는 거야? 꽃이면 당연한 일인걸."

"왜냐하면 넌…."

갑자기 쇠로 된 갈고리 손이 나타나 고양이 인형을 기계 밖으로 낚아챘습니다. 민들레는 다급하게 고양이 인형을 불렀어요.

"고양이 인형아! 대답해줘! 내가 왜 대단하다는 거야?"

하지만 고양이 인형의 대답을 들을 수는 없었어요. 고양이 인형은 소녀의 품에 안겨 총총히 사라진 다음이었거든요.

얼마 후 또 다시 바람이 불어왔고 민들레는 풀리지 않은 궁금증을 안은 채 길을 떠날 수밖에 없었습니다.

씨앗의 모습을 한 민들레가 다음에 도착한 곳은 어느 병원 창가였습니나.

환자복을 입은 한 아이가 밤하늘을 올려다보고 있었어요.

"엄마! 저길 봐! 달님이 자고 있어."

아이가 가리킨 밤하늘에는 손톱을 닮은 초승달이 살짝 기울어져 꼭 잠든 것처럼 보였어요.

"그러게. 꼭 자는 것 같네."

엄마가 다가와 다정히 말해주었어요.

"엄마! 소원 비는 보름달은 언제 떠?"
"왜? 빨리 병이 낫게 해달라고 빌게?"
"아니. 엄마가 행복하게 해달라고 빌 거야."
그러자 엄마는 아무 말 않고 아이를 꼭 끌어안았습니다. 민들레는 좁은 창틀에 낀 흙먼지에 숨어서 그 모습을 훔쳐보고 있었어요. 그리고 무슨 결심을 한 것처럼 입을 꾹 다물고 고개를 끄덕였답니다.
며칠 동안 반가운 봄비가 내렸습니다. 민들레 씨앗은 다시 꽃으로 활짝 피어나있었습니다. 활짝 핀 민들레를 발견한 엄마는 서둘러 아이를 불렀습니다.
"어머나! 이 민들레를 좀 봐! 세상에! 이렇게 좁은 창틀에서 꽃을 피웠어. 신기하지?"
"응. 엄마! 정말 신기해."
민들레를 바라보는 아이의 얼굴에 보일 듯 말듯 희미하게 웃음꽃이 피어올랐습니다. 그것을 알아챈 민들레의 마음에는 더 큰 미소가 번졌습니다. 엄마는 곧장 작은 화분을 구해다 민들레를 옮겨 심었습니다. 시간이 더 지나 민들레가 다시 하얀 꽃으로 바뀔 때쯤 아이는 민들레 화분을 들고 창가로 향했습니다. 아이가 휘파람을 불자 민들레 씨앗이 파란 하늘 위로 날아올라 갔습니다. 당연히 그곳엔 바람이 민들레 씨앗을 기다리고 있었지요.
"그동안 잘 있었니? 민들레야!"
"응. 바람아! 반가워!"
"이제 어디로 갈 거야? 이번엔 내가 꽃 피기 좋은 곳으로 데려다줄까?"
민들레는 바람의 말에 고개를 가만히 저었지요.
"아니. 난 꽃이 피기 어려운 곳으로 가고 싶어. 그곳에서 다시 민들레로 피어날 거야. 그게 내가 제일 잘하는 일이거든."
그렇게 해서 민들레는 갈라진 콘크리트 바닥이나 냄새나는 시궁창을 찾아가 꽃을 피웠습니다. 어느 때는 사람들에게 밟

힐지도 모르는 길가에서도 꽃을 피우기도 했지요.
하지만 그 어떤 곳으로 가든 반드시 민들레꽃을 피워냈어요. 그곳에서 자신을 지켜봐 줄 누군가를 위해서 말이죠.

소설

이모

정이수 glmani3@hanmail.net

부지깽이를 들이댈 때마다 크고 작은 불티들이 튀어 올랐다. 바싹 마른 나무등걸에 화력이 붙자 불길은 방구들을 따라 힘차게 빨려들어 갔다.

아침나절 장작골 비알밭으로 들깻잎을 따러 갔다가 갑자기 쏟아지는 비를 맞고 속옷까지 젖은 채로 돌아왔는데 오후가 되면서 영 몸 조시가 안 좋았다. 전신에 한기가 드는 것이 아무래도 그냥 넘어갈 품새가 아니다. 콧부리가 근지러우면서 뒷머리가 묵지근하니 조여 왔다. 온몸의 기운이 빠지고 머리가 무거운 것은 딱히 감기 기운 때문만은 아닌 것 같다. 달포 전, 아들 종국의 전화를 받고부터 불편해진 심기가 아무 때나 불뚝거리며 일어났다.

"벌여놓은 사업 때문에 나갈 수가 없어 그러니 미국 구경도 할 겸 어머니가 이쪽으로 오세요. 팔순잔치는 여기서 하는 걸로 누님하고도 얘기가 됐거든요."

"누가 팔순잔치 해달라캤드나. 돈 처들여 가매 무신 얼어 죽을 미국여행에 생일잔치고. 일 없다. 미국 구경 안 해도 좋으니 없던 일로 하그래이."

아들이 하는 말을 가만히 듣고 있자니 은근히 부아가 났다.

"어디 나만 좋자고 하는 소리여요. 이참에 한 번 다녀가세요."

"느그덜 편차고 낼로 그 먼 데꺼정 오라 이 말이고. 미국 구경 시켜준다카몬 누가 얼씨구나 춤이라도 출 줄 알았능가베.

호랭이 물어 갈."
생각할수록 괘씸했다. 팔순잔치고 미국 구경이고 썩 내키질 않았다. 지난 봄 꽃구경 갔던 일이 생각나면서 더더욱 마음이 움직여 주질 않았다. 말이 꽃구경이지 늙은이 혼 빼놓기 딱 좋은 나들이였다. 에미 위한답시고 두 딸이 나름대로 신경을 써 주었지만, 늙은이 눈으로 보는 세상 것들은 모두 그게 그거고 그 맛이 그 맛이었다. 꽃을 봐도 예전처럼 예쁜 줄 모르겠고, 달리는 노래방이라며 차 안에서 노래를 부르며 흥을 돋워도 영 기분이 나질 않았다. 그런데 내 나라도 아닌 비행기로 열 몇 시간을 간다는 미국이 아닌가. 생각만 해도 끔찍했다. 그 뒤로 몇 차례 아들 며느리한테 전화가 오고, 두 딸까지 성화를 해댔지만 내 마음을 돌려놓지는 못했다. 오늘 식전에도 팔순잔치 문제를 놓고 둘째 딸과 한참 입씨름을 벌였다

"노인네가 늘그막에 그놈의 자존심만 살아가지고. 제발 아들이 하자는 대로 못 이기는 척 따라줘요."

"니가 암만 그래싸도 내는 안 갈란다. 늙은 기 무신 훈장 받을 일이라도 되노. 미국 그 먼 데까지 가서 나이 자랑을 하게. 내는 증말로 생각 읎다. 그래 알고 더 이상 팔순잔치 얘기는 없던 일로 하그래이. 알았제?"

"엄마 혹시 계모 아니우. 그렇지 않고서야."

"하다하다 이제 몬 하는 소리가 읎네. 친어메가 아님 우짤낀데. 아이고 싸개라."

얼렁뚱땅 말은 그렇게 둘러댔지만, 가슴이 뜨끔했다. 하는 짓은 굼떠도 눈치 하나만큼은 절간에 가서 새우젓을 얻어먹고도 남을 아이였다. 강도 높은 한숨 소리가 전화선을 타고 오갔다. 통화는 더 이상 이어지지 않았다. 내색은 안 했지만 그래도 에미 생일이라고 자식들이 머리를 짜고 입을 맞추는 걸 보니 가슴 한구석이 뜨듯해지면서 기분이 좋았다.

"그래, 내 그 정도의 대접은 받을 자격이 있지. 죄는 지은 대로 가고 공은 닦은 대로 간다고 즈그덜이 나 없었으면 끈 떨

어진 뒤웅박 신세였제. 하모.”

어느새 가마솥에서는 물이 설설 끓고 있다. 감기 기운 때문인지 몇 잔 마신 술기운 때문인지 뒷머리가 팽 도는 것이 어질머리가 일었다.

“한 번 내려놓은 팔자 다시 거둬들일 수는 없는 법이제. 그려 낙장불입이구먼.”

생각하고 또 생각을 해봐도 모든 게 팔자지 싶었다. 나이테처럼 둘러진 상처, 자식들이 어찌 그 아픔을 다 헤아릴 수 있을까. 인생의 밭고랑을 갈아엎어 보지 않은 사람은 모를 것이다. 앉은걸음으로 장롱 옆에 놓여있는 반닫이 앞으로 다가갔다. 여름 장마에 습기를 먹은 궤에서는 특유의 곰팡내가 났다. 문을 열자 제법 큼직한 보퉁이 하나가 눈에 들어온다. 여민 매듭을 풀자 옥양목으로 지은 여자 한복이 개켜진 모습 그대로 드러났다. 순간, 진저리가 쳐졌다. 묻어두고 싶었던 기억이 스멀스멀 되살아났다. 싸아 하니 찬바람이 등줄기를 타고 내려갔다. 대책 없이 두 방방이질을 해대는 가슴을 진정시키느라 몇 번이고 길게 길게 숨을 몰아쉬었다. 한 번 뛰기 시작하면 쉽게 가라앉지 않는 가슴 뛰는 병, 반평생을 함께 해온 불치병이다. 오십여 년을 잊고 살았던 고향, 한복을 준비할 당시만 해도 고향은 그렇게 멀리 있지 않았다. 언제든 마음만 먹으면 다녀올 수 있다고 여겼는데…. 동정도 없는 저고리 위로 명자언니의 모습이 겹친다.

생각해 보니 묻어두는 것만이 능사는 아닌 것 같다. 살아 백년 목숨 부지하기 어렵고 죽어서 무덤 백 년 지키기 어렵다고, 팔십 늙은이 언제 저승사자에게 불려갈지도 모르는데 뒷마무리만큼은 깔끔하게 해두고 싶었다. 상처 입은 사람을 치료하려면 자신의 상처를 먼저 내보이는 것이라고 했다. 환갑을 바라보는 자식들이 이해 못 할 일도 아니고 또 이해를 못한다 해도 이제는 어쩔 수 없는 일 아닌가? 내가 벌여놓은 일이니 내가 거두는 수밖에. 벌름거리는 가슴을 지그시 누르며 방바닥에 놓여있는 전화기를 끌어당겼다.

팔순잔치 대신 고향엘 다녀오겠다고 하자 종옥이는 버럭 화부터 냈다.

"노인네가 갑자기 망령이 났나, 일가붙이 하나 없이 반겨줄 사람도 없는 그곳엔 왜 못 가서 안달이우. 오라는 아들네는 마다하고 웬 고향 타령이우."

"와, 내는 고향 가믄 안 되나. 늙은이 망령도 제대로만 나면 괘안체."

"하여튼 노인네 고집 하나는 알아줘야 돼. 아버지 일찍 세상 버리길 잘하셨지."

"죽은 사람은 와 또 들먹이노. 여러 말 할 것 읎다. 효도하는 셈 치고 나랑 함께 다녀오면 안 되긋나. 다른 사람은 몰라도 종옥이 니는 꼭…."

목이 메어 더 이상 말을 이을 수가 없다. 어쩌면 이번이 생의 마지막 친정 나들이가 될지도 모른다는 생각이 들었다. 누구보다 둘째 종옥이와 함께 꼭 한 번 고향엘 다녀오고 싶었다. 동짓달 열하루, 셈하기도 까마득한 세월이 지났지만 내 어찌 그 날을 잊을 수 있을까.

명자언니가 종옥이를 데리고 친정 나들이를 한 것은 결혼한 지 꼭 오 년 만의 일이었다. 말하기 좋아 다니러온 것이지 쫓겨난 것이나 다름없었다. 종갓집 맏며느리로 대를 이을 아들 못 낳는 것이 그 이유였다. 하지만 꼭 그것만은 아닌 것 같았다.

"명희가 아 몬 난다고 쫓겨난 기 을마나 됐다고, 명자까지 쌍으로 저래 됐노."

"명자 즈그 아베, 진작에 목숨 놓길 잘했제. 저런 험한 꼴 안 보구로."

"쌍둥이 딸보다 즈그 어매가 더 큰일 나겠드만. 산송장맹키로 돌아댕기는 기."

그랬다. 사람들의 손가락질 보다 더 속이 상하고 견딜 수 없는 것은 껍데기만 남은 어머니의 몰골을 보는 일이었다. 부잣집으로 시집 가 잘 살 줄 알았던 명자언니까지 친정살이를 하게 되자 화병이 도진 어머니는 마치 혼이 나간 사람처럼 정신을 놓고 살았다.

"닮을 게 따로 있지. 무신 놈의 팔자가 그 모냥들이고."

"팔자가 어데 내 맘대로 할 수 있는 것이등가요. 딸은 엄마 팔자 닮는다카던데."

보다 못해 어깃장을 놓으면 어머니는 길길이 뛰며 입에 거품을 물었다. 큰소리가 날 때마다 집안의 모든 불행이 마치 자신의 탓인 양 명자언니는 안절부절못했다.

"독사 같은 시어매 한테 을마나 시달렸으면 멀쩡하던 아가 저래 반편이 됐노. 아들 몬 낳는 기 어데 여자 탓이고."

어머니의 푸념처럼 반듯하고 야무졌던 언니의 예전 모습은 어디에서도 찾아볼 수가 없었다. 떠날 때는 언니가 먼저 떠났지만 돌아온 것은 내가 먼저였다. 둘은 약속이나 한 듯 비슷한 시기에 다시 집으로 되돌아왔다. 한 사람은 아이를 못 낳는다는 이유로, 또 한 사람은 아들을 못 낳는다는 이유로.

어머니는 날마다 한숨 바람이었다. 그도 그럴 것이 언니는 또 한 생명을 자궁에 품고 있었던 것이다. 시댁을 떠날 당시만 해도 몰랐던 사실이었다.

"에구, 불쌍한 내 새끼! 이제 애비도 없이 아를 낳게 생겼으니 이 일을 우짜믄 좋노. 조상님도 무심하지 어쩌자고 내 자슥 앞길에 이래 고치가루를 뿌려 대노."

"언니! 시댁에 알려야 하는 거 아녀. 무슨 말 못 할 사연이 있능가는 몰라도 대이날 이도 그렇고 어린 종우이를 봐서도 그게 안 낫겠나."

"내 알아서 할란다. 내가 씨도둑이라도 했을까 걱정되나?"

어머니는 새벽마다 장독대 위에 정화수를 떠놓고 빌었다. 언니가 아들을 낳게 해달라고. 어머니의 정성이 하늘에 닿았음인지 언니는 차츰 건강을 회복해 나갔다. 산달이 다가오면서 기저귀와 배냇저고리를 만드는 등 집안엔 제법 사람 사는 훈기가 돌았다. 무엇보다 언니의 말문이 터진 것이 다행이라면 다행이었다. 마치 남의 이야기를 하듯 가슴에 묻어두었던 이야기를 쏟아냈다. 입을 닫고 있을 때나 쉬지 않고 떠들어댈 때나 그 모습이 낯설기는 마찬가지였다.

"무슨 일이 있능가. 시댁 식구들이 자주 꿈에 보이네."

밥을 먹다 말고 언니는 두 손으로 불룩한 배를 감싸 안으며 길게 한숨을 내쉬었다. 두고 온 딸이 눈에 밟히는 모양이었다.

산통이 시작되자 어머니는 깨끗한 짚을 추려 아랫목에 깔고 그 위에 이불 홑청을 덮어 산실을 만들었다. 언니는 의외로 침착했다. 또 딸을 낳으면 어쩌나 하는 불안 때문인지 어머니는 산모보다 더 긴장했다. 진통이 올 때마다 언니는 이불 홑청을 끌어다 입에 물으며 뱃속의 아이를 자궁 밖으로 밀어내려 안간힘을 썼다. 신음소리를 안으로 삼키며 용케도 잘 버티었다. 나는 처음으로 여자로 태어난 것을 후회했다. 가마솥 가득 데워진 물은 언니의 출산이 늦어지면서 몇 번이나 다시 불을 지펴야 했다. 초저녁에 시작한 진통은 밤을 꼬박 새우고 이튿날까지 이어졌다. 산파 영주할매가 고추밭을 매다 말고 한걸음에 달려왔다.

"아를 날라카믄 힘을 써야제. 이래 까부러지믄 우짜노. 산모가 이 지경이 되도록 어메는 여태 뭐 했노."

"…."

어머니는 대꾸할 기운도 없는지 아무 말도 하지 않았다. 혹여라도 배 속에 아이가 잘못될까 봐 그것이 더 걱정되는 눈치였다. 영주할매가 익숙한 솜씨로 언니의 출산을 유도해 나갔다. 까무러치기를 몇 번, 언니는 생과 사를 넘나들며 아이를 자궁 밖으로 밀어내려 몸부림쳤다. 절규에 가까운 어머니의 기도가 이어졌다.

"천지신명님께 비나이다. 불쌍한 내 자슥 굽어살펴주이소. 데려가려거든 죄 많은 이 늙은이를 데려가시고 내 자슥 제발 살려주이소."

그러나 그 모든 노력도 헛수고가 되고 말았다. 배 속의 아이는 자궁 문을 통과하기도 전에 이미 숨이 멎은 상태였다. 사산이었다. 생명이 다한 아이를 낳는 일은 목숨과 바꿀 만큼 위험한 일이었다. 기력이 다해 널브러진 언니는 숨을 쉬는 것조차 힘들어했다. 칭얼대는 종옥이를 옆집에 맡기고 돌아와 보니 상태는 더 심각했다. 어렵사리 아이를 자궁 밖으로 밀어낸 뒤 언니는 그대로 정신을 잃고 말았다.

안방 문을 열자 피비린내가 진동했다. 영주할매는 태도 자르지 않은 핏덩이를 이불 홑청에 둘둘 말아 한쪽으로 밀어놓았다. 예기치 않은 상황에 누구보다 당황한 사람은 어머니였다. 사산된 아이가 아들이었다는 사실이 어머니를 더욱 절망케 했다. 간절히 바랐던 아들이 아니었던가. 언니가 시댁으로 돌아갈 수 있는 끄나풀이기도 했다. 언니는 아들의 얼굴 한 번 제대로 보지 못하고 그대로 눈을 감았다.

언니의 부재를 아는지 모르는지 종옥이는 여전히 나를 엄마라고 부르며 파고들었다. 어머니는 종옥이가 내 가슴을 더듬을 때마다 질색을 했다.

"종옥이, 저 아를 볼 때마다 명자 생각이 나서 안 되긋다. 즈그 아베가 시퍼렇게 살아있는데…. 그기 아 한테도 이로울 거구먼."

"내가 엄만 줄 알고 저래 따르는데."

"할 수 없제. 언제까지 끼고 살 수도 읎고. 그래 알고 채비하기래이."

어머니의 결정은 냉정하고 단호했다. 재고의 여지가 없었다.

어머니가 일러준 대로 동네에서 제일 큰 기와집을 찾아갔다. 대문을 열고 마당을 지나 안채까지 걸어가는 동안 많은 생각이 얽혀들었다.

"아니! 소식도 없이."

형부는 한걸음에 달려 나와 나의 손을 잡으며 반가워했다.

나는 선뜻 형부라고 부르지도 못하고 멀뚱히 서서 그를 바라보았다.

"아이고 에미야 추운데 오느라고 고생했다. 종옥이도 그새 몰라보게 많이 컸구나."

조용하던 집안이 갑자기 술렁거렸다. 언니의 사망소식을 전하려고 했지만 번번이 말할 기회를 놓치고 말았다. 일은 점점 꼬여갔다. 종옥이까지 엄마 엄마하며 내 품을 파고들었다. 무엇에 홀린 사람처럼 정신을 차릴 수가 없었다.

"여보! 이제 모든 게 제자리로 돌아온 거여. 그동안 당신 생각 많이 했어."

"그게 아니구요. 저는…."

"당신이 지금 무슨 생각하는지 알아. 미안해. 지난 일은 다 잊어버려. 피곤할 텐데 오늘은 그냥 푹 쉬고 내일 얘기하자구."

형부는 뭐라고 계속 떠들어댔지만 귀에 들어오지 않았다. 어차피 내게 해당되는 얘기는 아니었다. 긴장이 풀려서인지 한꺼번에 피곤이 밀려왔다.

낯설었지만 분명 꿈은 아니었다. 내 몸을 누르고 있는 무게감에 눈을 뜨고 사방을 둘러보았다. 나를 옴짝달싹 못 하게 누르고 있는 사람이 형부라는 것을 알았다. 너무 놀라 비명조차 나오지 않았다. 젖가슴을 더듬던 손이 이내 사타구니를 향해 미끄러지듯 내려갔다. 거부의 몸짓은 형부를 더욱 자극하는 꼴이 됐다. 몸은 이미 그의 손에 의해 반쯤 열려 있었다. 그런데 이 무슨 조화 속인가. 먼저 반응하는 몸, 사내의 냄새가 이성을 마비시키기라도 한 것일까. 자포자기하는 심정으로 그가 하는 대로 내버려 두었다. 이미 엎질러진 물이었다. 이 또한 팔자라면 받아들이는 수밖에.

대역인생, 그렇게 오십여 년의 세월을 명자언니를 대신해 살았다. 살아 있었다면 같은 날 생일을 맞이했을 명자언니, 그 자식들이 차려주는 팔순잔치를 나 혼자 받을 수는 없다.

생일상마저도 온전한 내 것이 될 수는 없는 것이다. 배 아파서 낳은 자식들, 언니도 그 자식들이 따라주는 술 한 잔 받아야 하지 않겠는가. 그래야 내 맘이 편할 것 같았다.

무명저고리를 챙겨 가방을 꾸리는데 전화벨이 울린다.

둘째 종옥이었다.

그 밤에 우리는

임연화 dolbial77@hanmail.net

그날 저녁 낡은 주택가는 조용했다. 큰 싸움도 없었고 특별히 기분 나쁜 공기가 머물지도 않았다. 수상한 사람이 지나가지도 않았다. 그냥 그렇고 그런 날들 중의 하루였다. 아주 평온했던 그 밤이 매스컴을 통해 알려지지 않았다면 아무도 ㄱ씨의 실체를 몰랐을 것이다. 그날 밤 ㄱ씨를 가장 가까이에서 보았거나 기척을 느꼈을 사람이 몇몇 있기는 했지만….

쌀가게 김씨는 ㄱ씨를 자주 만나는 편이었다. ㄱ씨가 항상 인사를 공손히 해서 싫지는 않았다. 그런데 행색이 초라한 중년의 ㄱ씨가 그 나이, 그 처지에 어울리지 않게 가끔 젊은 여자를 데리고 올 때는 슬그머니 부아가 났다. 그날 밤 김씨는 가게 앞을 지나가는 ㄱ씨를 보았다. ㄱ씨가 젊은 여자를 옆구리에 꼭 끌어안고 가는 게 눈꼴시어서 곁눈질로 흘끔거리며 코를 팽하고 풀었다. 저 꼬락서니에 젊은 여자를 어떻게 꾀어오는지, 매번 다른 여자를 데리고 온단 말이지. 그렇다고 돈이 많은가. 싸구려 연립주택에 월세로 사는 주제에. 아니면 잘 생기길 했나. 훌러덩 벗겨진 머리통에 넙데데한 얼굴, 두툼한 뱃살까지. 참 여자들 마음은 알다가도 모르겠단 말이여. 동네 어귀에 제법 큰 슈퍼가 생긴 후로 쌀 사러 오는 사람이 별로 없어 화가 나던 참에 김씨는 그에게 실컷 욕을 하며 화풀이를 했다.

ㄱ씨가 사는 주택 바로 뒷집에 사는 박씨는 그날 밤 그 집 목욕탕 불빛 때문에 잠을 설쳤다. 멀리서 들리는 듯 어렴풋하

게 여자와 남자의 목소리가 섞여서 들려왔다. 잠귀가 밝고 예민해서 늘 깊은 잠을 자지 못하는 박씨는 그날도 오래 뒤척이다가 일어나 앉았다. 혼자 사는 ㄱ씨는 조용한 편이어서 박씨의 잠을 방해한 적이 별로 없었다. 아주 가끔 오늘처럼 목욕탕에 밤새 불을 켜 놓을 때가 있었고 그런 날 밤은 오늘처럼 아련하게 남녀의 목소리가 들려오곤 했다. 목욕탕에서 쿵, 쿵, 딱, 딱, 소리가 오래도록 들려오기도 했다. 박씨는 홀아비가 또 어디서 여자 하나 낚아왔나 보다고 생각했다. 중년의 사내가 여자 살 냄새를 오랜만에 맡았으니 어찌 잠을 잘 수 있을까. 마누라가 없는 ㄱ씨가 참 부러웠다. 눈치 보지 않고 이 여자 저 여자를 고루 맛볼 수 있으니 저런 복된 삶이 어디 또 있을까 싶었다. 목욕탕에서 나는 소리를 들으며 별별 체위를 다 상상해 보던 박씨는 옆에서 코를 골며 자고 있는 마누라를 툭툭 건드렸다. 홀아비보다 못한 삶이 아니란 걸 스스로에게 증명해 보이고 싶었다. 잠이 깬 마누라가 싫다고 돌아누웠지만 강제로 덮쳐버렸다. 상상 속에서만 몸이 달아올랐을 뿐 실제로는 별 감흥도 없는 중년 부부의 잠자리 행사였다. 그래도 끝나고 노곤하게 잠이 오는 맛은 괜찮았다.

연립주택 삼 층에 홀로 사는 주인 할머니는 ㄱ씨가 다른 식구도 없고 집에서 밥도 안 해먹어서 마음에 들었다. 너무 말이 없는 것이 흠이라면 흠이랄까. 둘 다 독수공방으로 밤새 전전반측 깊은 잠을 못 드는 처지인데 오며 가며 마주치면 살갑게 눈인사라도 하면 좀 좋은가 말이여. 시답잖은 육담이라도 하며 사내 냄새를 풍기면 심심한 늙은이가 병아리 오줌만큼의 낙이라도 맛볼 것인데 그게 좀 아쉬웠다. 그래도 월세 꼬박꼬박 잘 내니 세입자로서 나무랄 데가 없었다. 가끔 여자를 데려오고 밤에 뭔가를 두드리는 소리를 내긴 하지만 아직 문지방 넘을 힘이 남아 있는 사내가 여자를 너무 멀리해도 문제지. 그날 밤 주인 할머니는 소리 때문에 잠이 깨어 ㄱ씨의 방으로 내려가 보았다. 남자 여자의 목소리가 뒤섞여 들려 창에 귀를 바짝 대었다. 은근한 소리와 함께 온갖 상상을 해보다가 조심조심 집으로 올라왔다. 좋은 때여. 암, 좋은 때구 말구. 할머니가 요상한 꿈을 꾸며 가위눌린 듯 일어나 앉았다. 아래층 대문 두드리는 소리가 들렸다.

ㄱ씨가 사는 집 바로 옆에 사는 젊은 주부 이씨는 음식물 쓰레기를 버리러 나갔다가 집으로 들어가던 ㄱ씨의 뒷모습을 보았다. 옆에 데리고 가는 젊은 여자가 재빨리 고개를 돌려 이씨를 바라보았다. 가로등 불빛이 희미해서 확실히 봤다고 할 수는 없지만 여자의 표정이 겁에 질려 있는 것 같았다. 이씨에게 간절히 도움을 청하는 것 같기도 해서 마음이 편하지 않았다. 하지만 평소 ㄱ씨와 왕래가 없었던 터라 그 집 문을 두드릴 명분이 없었다. 찜찜한 기분에 발이 쉽게 떨어지지 않았지만 그냥 들어올 수밖에 없었다. 이씨는 불길한 상상을 털어버리려 애들 방에 들어가 이것저것 잔소리를 늘어놓았다. 그래도 풀리지 않아 남편에게 여자의 표정에 대해 이야기했더니 너무 예민한 거 아니냐고 핀잔을 주었다. 이씨는 젊은 여자의 표정이 자꾸 떠올라 잠을 이루지 못 했다. 잠이 들었다 싶으면 악몽이 덮쳐왔다.

깜깜한 밤길, 자전거를 끌고 가는 남자, 버스 불빛, 교회, 침대 밑…. 달도 없었고 어디서 흐릿한 빛조차 비쳐오지 않는 새까만 밤길이었으니 도망갈 수도 있었을 텐데 어린 이씨는 그때 너무 무서워서 자전거 탄 남자로부터 한 발짝도 앞서 나가지 못했다. 지나는 사람 하나 없는 시골길에서 이씨는 납치라는 단어만을 줄곧 떠올렸다. 자전거를 끌고 가던 남자가 찻길이 아닌 곳으로 가자고 했을 때 마지막 버스가 오지 않았다면? 다시는 떠올리고 싶지 않았다. 오랜 세월이 흐른 후에도 이씨는 영화 <살인의 추억>을 보고 싶지 않았다. 남편과 어쩔 수 없이 그 영화를 보고는 잊었던 공포의 기억이 살아나 얼마나 무서워했던지! 다시 그때의 공포가 손끝에 느껴졌다. 버스의 전조등이 이씨를 지나쳐 갈까봐 버스 앞을 가로 막으며 죽어라 달렸던 기억. 그때 이씨는 버스에 치이는 것보다 불빛 밖으로 밀려나는 걸 더 두려워했다. 외딴 교회가 보이는 곳까지 달려갈 동안 버스는 어린 이씨를 앞지르지 못 했다. 이씨는 교회 선생님의 손을 잡고 집까지 갔고 그날부터 밤이면 집밖에 나오지 못 했다. 그때 어린 이씨는 집 뒤꼍에 있는 방을 혼자 쓰고 있었는데 그 일 이후로는 그 방에 혼자 들어가지 못 했다. 부모가 자는 좁은 방에서 함께 지냈다. 밤에는 아버지가 자는 군용 침대 밑에서 잤다.

밖이 소란했다. 경찰차가 오고 ㄱ씨가 대문에 나와서 경찰과 실랑이를 하고 있었다. 경찰은 신고가 들어 왔으니 집안에 좀 들어가 보겠다고 했다. ㄱ씨는 평소의 조용하던 모습과 다르게 언성을 높이며 무고한 사람을 죄인 취급한다고 수색을 하려면 영장을 가져오라고 난리를 쳤다. 공터에서 담배를 피우며 놀던 남자아이들이 어슬렁어슬렁 걸어와 구경을 했다. 동네 사람들이 하나 둘 모여들기 시작했다. 경찰 둘은 조금 설득해 보다가 그냥 돌아갔다. 남자아이들은 휘파람을 불며 킥킥거렸다. 젊은 주부 이씨는 조바심이 났다. 경찰에게 귀띔을 해줘야 한다고 생각은 하면서도 몸은 얼어붙은 듯 움직이지 않았다. 경찰이 돌아가면 전화로 알려줘야지 하고 뒤로 미뤘다.

젊은 주부 이씨는 밤새 꿈속에서 전화를 걸었지만 한 번도 경찰과 제대로 된 통화를 하지 못했다. 경찰이 전화를 받아도 이씨의 말을 알아듣지 못 하거나 이씨가 경찰의 말을 잘 듣지 못했다. 여보세요, 여보세요, 소리지다가 깨기를 여러 번 했다. 이씨의 남편은 가위눌린 이씨를 깨우느라 잠을 설쳤다. 이씨는 날이 밝자마자 밖으로 나갔다. 그러나 끝내 ㄱ씨의 집 문은 두드리지 못 했다.

낡은 주택가가 떠들썩해졌을 때는 이미 돌이킬 수 없는 일이 일어난 후였다. 쌀집 김씨, 뒷집 박씨, 젊은 주부 이씨는 목

격자로, 참고인으로 경찰서에 불려가서야 사건의 전말을 알았다. ㄱ씨가 데려온 젊은 여자들이 무슨 일을 당했는지, 그 밤 내내 들려오던 쿵, 쿵, 딱, 딱, 소리가 무슨 소리였는지, 차라리 듣지 말았어야 했다.

젊은 주부 이씨는 그날 밤 악몽이 끈질기게 따라붙으며 가보라고 재촉하던 곳을 끝내 외면한 자신을 용서할 수 없었다. 이씨는 밤마다 새로운 악몽에 시달리며 그 벌을 아프게 받고 있다. 쌀집 김씨 또한 자신의 유치한 생각 때문에 살릴 수 있었던 목숨이 사라져 간 사실에 잠을 이루기 힘들었다. 박씨는 딱히 이유를 댈 수 없지만 ㄱ씨의 방 창문을 보면 마음이 편치 않았다. 주인 할머니는 새로운 버릇이 생겼다. 세입자가 데려오는 사람이 누군지 확인하지 않고는 그 집에 들이지 못하게 했다. 모두들 소를 몇 번 잃고 난 후 외양간을 튼튼하게 고치고 있는 중이다.

거기 낡은 주택가 사람들은 ㄱ씨의 탈을 벗겨보지 않은 실수, ㄱ씨의 행동을 의심해 보지 않은 무관심을 자책하느라 한동안은 평온한 밤을 누리지 못 할 것이다.

시인을 만나다

김미희 1118kmh@hanmail.net

황사는 여전히 하늘을 뿌옇게 덮었다. 그러나 기온은 여름 날씨를 웃돌아 봄꽃 여름꽃 할 것 없이 한꺼번에 봉오리를 터트렸다. 사람들은 아파트 화단이나 길거리에서 만개한 꽃사진을 찍어 sns로 봄소식을 알렸다. 봄이 왔음을 모르는 사람은 없었다.

나는 직장에 출근하면 항상 휴대폰을 끈다. 진동음으로 해 놓아도 일을 할 수 없을 정도로 많은 전화나 문자, sns가 방해를 하여 아예 근무 중에는 꺼놓고 지낸다. 바빠서 점심시간에 제대로 확인을 못한 날에는 저녁에 퇴근하면서 휴대폰을 켠다. 부재중 전화나 문자 들어오는 소리가 요란하다. 그렇다고 정말 필요하거나 급한 내용은 거의 없다. 언제부터인가 주변 사람들은 나의 반응이 늦은 걸 알기에 차츰 연락하는 일이 뜸해졌다.

시인 조병화를 처음 만난 건 대학 1학년 때였다. 지방에 살았던 나는 책에서만 보던 문인을 직접 만날 기회가 거의 없었다. 대학 1학년 가을, 학보사에서 주최하는 문학강연에 조병화 시인을 초대했다. 대학당국은 학교의 인지도를 높이기 위해 고등학생을 대상으로 하는 백일장을 개최했는데, 백일장이 끝나고 심사하는 동안 문인을 초청해서 특강을 한 것이다.

조병화 시인을 초대한 분은 시인이었던 학보사 주간교수님이셨다. 나는 맨 앞에 앉아서 채록을 하고 밤새워 강의를 정리해서 다음 주 학보에 특집으로 실었다. 조병화 시인은 안성 고향에 대한 이야기를 시로 창작하는 과정과 문학에 대한 자신의 인생관을 이야기하셨다. 사실 나는 안성이라는 곳에 가 본 적이 없었다. 문득 안성이라는 곳이 궁금했다. 신문이 나가고 며칠 뒤 학보사로 전화가 왔다. 조병화라고 했다. 나는 시인 조병화에 대한 기대로 얼른 받았다.

초등학교 동창이라고 했다. 한 학년에 12개 반이나 되는 콩나물 학교에서 그것도 한 학급에 60여명이 수업을 하던 때였다. 4학년 때 조용한 한 아이가 조병화라는 이름이었다는 사실을 나는 기억하지 못했다. 그 때는 시인 조병화도 몰랐다. 학교 앞에서 문방구를 했던 아버지 덕분에 전교생이 나를 알았으나 나는 그 모두를 기억할 수 없었다.

나는 시나 산문을 써서 병화의 이름으로 학보에 투고하기도 했다. 학보에 실린 시를 보고 주간교수도 병화를 보고 싶어 했다. 학보는 1주일에 한 번씩 나왔다. 매월 1, 3주 팀과 2, 4주 팀을 나눠 2주일에 한번만 신문을 만들면 되었다. 시간은 항상 모자랐고 기사를 쓰느라, 기획회의 취재회의에 밤을 새우고 날마다 술을 마셨다.

가짜 투고이후 병화는 자주 학보사에 놀러왔다. 신문이 나오면 학과별로 가져갈 수 있도록 신문함에 넣는 일도 돕고, 우편으로 보낼 신문에 띠지를 붙여 주기도 했다. 선배들이 병화에게 글도 잘 쓰니까 학보사에 들어오라고 했으나 병화는 극구 사양했다.

주간교수님이 이사를 했다. 교수님댁을 방문하던 날, 이사한 집이 병화와 내가 사는 동네가 가까워 병화도 불렀다. 이후에 우리는 자주 교수님댁에 들러 시를 읽었다. 때로는 몇 권의 시집을 빌려 필사를 하고, 더러는 돌려주지 않기도 했다. 그해 가을, 주간교수님이 시집을 내고 출판기념회를 했다. 서울에서 조병화 시인이 오셨다. 뒤풀이에서 주간교수님은 조병화 시인에게 내 친구 병화를 소개하면서 시가 날카롭고 깊이 있다고 칭찬하셨다. 조병화 시인은 병화에게 즉석에서 병우라는 필명을 지어주셨다. 졸업 후에 주간교수님은 신설대학의 부총장으로 가시고, 병화는 임용고사에 합격하여 시골로 갔다. 나는 학보사에서 만난 선배와 결혼을 해 서울로 왔다.

남편의 월급은 불규칙했고 생활은 지쳐갔다. 아이를 낳은 후에도 나는 쉬지 않고 일을 했다. 학원강사, 과외교사 하지만 이내 나의 사투리에 학부모들이 반기를 들었다. 이후에는 반찬 배달하기, 다단계 판매원, 마트계산원 같은 몸으로 때우는 일도 마다하지 않았다. 그때부터인지 모르겠다. 나의 우울증이 시작된 것이. 남편은 가끔 시집 몇 권을 사다 주었다. 사실 집에서 시를 읽을 시간은 없다. 먹고사는 일이 시보다 더 간절했으니까. 결국 우유를 팔면서, 생선을 자르면서 시를 외우고 시를 적었다.

주간교수님은 정년퇴임 후 교육감에 당선되어 임기를 마쳤다. 시집도 자주 발간하고 텔레비전이나 신문에서 소식을 듣기도 했다. 조병화 시인이 돌아가셨다는 것도 뉴스를 통해 알았다. 하지만 그때까지도, 서울에서 천안까지 지하철이 개통되었어도 안성에는 가보지 못했다.

며칠 전 수요일, 을지로에 약속이 있어 갔다가 대형서점에 들렀다. 주말에 주간교수가 발간한 책 사인회를 한다는 대형 현수막이 보였다.

-시인 강종원. 조병우의 <인생예찬> 공동저자 사인회-

나는 주간교수님의 이름을 보고 시집 한 권을 사왔다. 교수님의 시보다는 2부에 있는 조병우 시인의 시가 훨씬 깊고 날카로웠다. 조병우 시인이 궁금했다. 인터넷으로 강종원, 조병우 시인을 검색하다가 놀라운 사실을 발견했다. 강종원을 비난하는 수많은 기사와 젊은 제자 조병우를 욕하는 댓글까지 비방 기사가 도배가 되어있었다. 나한테 욕을 하는 것처럼 얼굴이 화끈거렸다.

두 사람의 사진을 보니 조병우가 상당히 낯익었다. 제자와 바람이 났다는 댓글을 읽는 순간, 조병우는 20살 연하의 내 친구 조병화라는 걸 알았다. 엄청난 뉴스라고 남편에게 이야기 했더니 남편은 대충 소문은 들었다고 했다. 나만 몰랐다니 배신감이 앞섰다. 남편이 병화의 연락처를 구해 주었다. 병화에게 전화를 거는 일은 상당한 용기가 필요했다. 주저하다가 문자를 보냈다.

—병화야 안녕. 나 은정이야. 나 알겠니? 우연히 니 시집을 읽었어. 인생예찬의 공동저자 조병우가 너 맞지. 시 참 좋더라.

나의 문자에 병화는 글을 읽은 흔적은 있지만 금방 답이 없었다. 나는 휴대폰을 끄고 일에 몰두했다. 퇴근 후에 병화로부터

—누구세요? 라는 문자를 받았다. 문방구 집 딸이라고 쓰다가 지워버렸다. 나는 sns에 프로필을 쓰지 않고 빈 칸으로 두었다.

사인회를 하는 날 나는 시집을 들고 다시 서점으로 갔다. 주말이라 시내 도로가 막혀서 예상보다 시간이 오래 걸렸다. 내가 도착했을 때는 끝날 시간이 다 되었는지 줄이 길지 않았다. 내 차례가 되자 나는 병화에게

"너 k대 조병화 맞지야?" 하고 물었다. 옆에 계시던 교수님이 먼저 "너 김은정이구나." 하고 반색을 하셨다. 50대에도 이미 대머리였던 교수님은 모자를 쓰고 계셔도 병화와는 딸과 아버지처럼 보였다.

"어쩜 니 문자 받고도 까맣게 생각이 안 나더라. 교수님께 여쭤보니 교수님도 모른다고 하고. 너 목소리 듣고 얼굴 보니까 알겠네. 미안타. 우째 알고 여까지 왔는데?"

"인터넷 검색하니까 다 나오던데? 그리고 나, 서울 살아."

인터넷이라는 말에 병화의 얼굴이 잠시 움찔거렸다. 사인회를 마치고 찾아 온 제자들과 예약해 둔 식당으로 갔다. 병화랑 이야기를 하고 싶어 나도 따라 갔다. 옛날 학보사 동기나 선배들도 한 명씩 나타났다. 사람들은 20년 만에 나타난 나와 남편의 근황에 대해 더 궁금해 했다. 사인회에 온다는 말도 안했는데, 짓궂은 선배들은 남편에게 전화해서 나오라고 야단이었다.

나는 테이블마다 불려 다니며 선후배들에게 술을 받아 마셨

다. 한 남자 선배가 혀꼬부라진 목소리로 말했다.

"은정아 넌 요즘 시 안 쓰냐? 옛날에 은정이 애가 시를 잘 썼잖아. 병화 이름으로 신문에 싣고 그랬는데…."

나는 시라는 말에 부끄러워 얼른 자리를 옮겼다. 결국 병화와는 이야기도 몇 마디 못 나누고 먼저 나오고 말았다. 일요일 아침, 나는 문자가 오는 알람소리에 잠을 깼다. 오랜만에 마신 술 때문에 휴대폰 끄는 걸 잊어버렸다. 병화의 안부 문자였다. 우리는 오로지 문자로만 대화를 했다. 주로 내가 물었다.

–어떻게 서울에서 사인회를 하게 되었니?

–나이 많은 교수님과 결혼하고 나니까 나보다 더 나이 많은 제자들이 사모님이라고 하는데 그게 제일 민망해. 나보다 8살 어린 아들이 어머니라고 부르는 일도 시간이 지나면 익숙할 줄 알았는데 아직도 적응이 안 돼. 교수님 몸이 불편하니까 내가 모시고 다니면 사람들이 딸처럼 여기잖아. 그게 또 싫더라고. 그래서 같이 시집을 내고, 사인회도 하고 출판기념회도 하고 결혼 10년 만에 온 세상에 부부라고 선포해 버렸지 뭐. 아예 판을 키운거야.

–시는 언제부터 썼니? 교수님께 배웠니?

–옛날에 은정이 니가 교수님 이사한 집에 데리고 갔잖아. 그 후에 가끔씩 시를 써서 교수님 댁에 들고 갔어. 방학 때 집에 가면 교수님한테 가서 시를 보여 드리곤 했지. 사모님이 암으로 갑자기 돌아가시고 교수님은 중풍으로 쓰러져서 누워 계시는데 자식들이 아무도 안 돌보잖아. 내가 가끔 간병 해드리면서 자식들에게 전화해서 지랄을 떨었지. 세상에 제일 빠른 게 사람의 말이잖아. 나는 20년 전부터 내연의 관계에 사모님 돌아가시게 한 첩년이 되어 있더라.

–병화야, 너 시인 맞다. 몸으로 좋은 시를 쓰는구나. 존경한다.

나는 친구에게 진심을 담아 문자를 보내고 휴대폰을 꺼버렸다. 아무래도 우울증이 다시 도지는가 보다.

손수건

이병숙 dulmaru@hanmail.net

기어이 진수가 담임 문병을 갔다. 제 엄마가 만류해보았지만 소용없었다. 하물며 거드는 고모 말 따위는 곁눈질로 무시해버렸다. 마음 같아서는 완력을 써서라도 주저앉히고 싶었지만 고모의 입장으로는 억지일 뿐이다. 사실 담임선생님이 교통사고를 당해 학생이 문병을 간다는데 막는다는 것 자체가 명분이 없긴 하다. 담임은 크게 다치지 않아 퇴원해 집에서 가료중이라고 했다. 선옥은 갑자기 기억 상실증에라도 걸린 듯 오늘은 꼭 하려고 별렀던 일조차 까맣게 잊고 우두망찰해진다. 무엇에 쫓기듯 손에 잡히는 대로 책을 한 권을 꺼내들긴 했으나 책장이 제대로 넘어가질 않는다. 문병 간 진수가 그 집에서 병균이라도 묻혀오듯 무슨 사건이라도 달고 올 것 같은 불안감을 좀체 떨쳐 버릴 수가 없다.

학기 초 진수가 반장이라 안 가볼 수 없다며 학부형 회의에 다녀온 올케에게 담임이 김민호라는 얘기를 들은 순간 선옥은 머릿속이 아득해졌다. 올케도 담임과 얼굴이 마주치는 순간 깜짝 놀랐다고 했다. 놀라기는 담임도 올케 못지않은 눈치였다고 했다.

그 사람 잘 지내죠? 회의가 끝나고 교실을 나올 무렵 민호는 올케에게 그렇게 물었는데, 그 말투와 표정에 연민이 남아있더라고 했다. 아프지만 미워할 수 없는 기억이 연민이라면 선옥에게도 연민은 남아 있다. 다행히 시간이라는 연마제가 연민을 박제로 만들어 간직할 수 있었다. 그런데 민호와 진수가 담임과 학생으로 만났다는 말을 듣는 순간 박제가 살아나고 있는 것 같았다. 그 사람 잘 지내죠라고 했다는 말이 연민이 아니라 협박처럼 느껴졌다. 생각해보면 고등학생인 진수와 고교 교사인 민호가 그런 관계로 만나는 것은 그리 이변이 아닐 수도 있다. 하지만 선옥은 한 번도 상상해 보지 않았고, 그래서 절대 일어나선 안 되는 일이 벌어진 것처럼 당혹스러웠다. 선옥은 진수의 학교생활에 신경을 곤두세우며 그저 아무 일 없이 일 년만 지나가 주길 간절히 빌었다. 그런데 이제 반 년 밖에 안 됐는데 그 집까지 갔다. 진수가 그 집에 갔다고 해서 꼭 무슨 일이 있는 건 아니겠지만 왠지 어떤 사건의 진원지를 찾아간 것 같아 불안감을 떨칠 수가 없다.

'어차피 내가 진수의 고모라는 걸 그도 알고 있는 터에 새삼스레 내가 왜 이래.'

선옥은 도리질을 해가며 태연하려 애쓴다.

선옥이 그 집을 나오던 날은 춘설이 펄펄 날리고 있었다. 긴긴 겨울 다 보내고 봄이 오는 길목에서 하늘 빼곡히 쏟아지는 눈은 땅에 닿기 무섭게 녹아버려 자신만큼이나 청승맞고 자신의 결혼만큼이나 부질없어 보였다.

이혼은 절대 안 된다고 고집하는 민호가 출근한 뒤 선옥이 친정에 가 있겠다고 집을 나설 때 시어머니는 그랬다.

-너를 잡지 않는 내가 무척 야속할 줄 안다. 그러나 오 대째 간당간당 이어져 온 대를 끊기게 할 수 없어 이러는 내 마음도 편치는 않다. 애를 못 낳은 것 말고는 너 만한 며느리도 흔치 않다는 것도 안다. 이왕지사 이리된 것 독하게 마음먹고 새출발 해라.-

입바른 소리만은 아닌 것 같았다. 선옥도 누굴 원망하거나 탓하고 싶진 않았다. 그냥 대상 없는 억울함으로 자신만 괴롭힐 뿐이었다.

두 번의 자연유산 후 세 번째 들어선 아이는 자궁외 임신이었다. 할 수 없이 착상된 나팔관을 절제했다. 그 후 임신이 종

무소식이자 오대 독자에게 시집 온 그녀로서는 피가 마를 일이었다. 대가 끊긴다고 조급증을 내는 시어머니와 자기들 친정 문이 닫히면 어쩌냐고 끌탕을 해대는 시고모와 시누이들은 그녀의 숨통을 조이는 듯했다.

이런 속사정에서 불거진 문제가 선옥이 계속해서 학교에 나가는 일이었다. 떡시루에 떡가루 앉혀놓고 턱 받치고 앉아 떡 익기를 기다리듯, 임신 소식을 기다리던 시어머니와 시고모 시누이들은 아무래도 학교 일이 힘에 부쳐 아이가 안 생기는 모양이니 그만두고 들어앉아 쉬라고 압박했다. 그러나 시어머니가 맡아 기르다시피 하는 막내 시누이의 아이들은 극성스럽기가 천둥벌거숭이지, 혼자 된 시고모는 사흘이 멀다 하고 드나들지, 게다가 늘상 동네 노인들이 모여들어 노인정을 방불케 하는 집안은 쉬기는커녕 학교보다 더 피곤했다. 육체적으로도 힘들었지만 보는 사람마다 언제 밥값 할 거냐는 지청구에 가슴이 멍들 지경이었다. 딴에는 걱정이 되어 하는 말이라지만 듣는 선옥에게는 가슴에 못을 박는 말이다. 손님을 치르는 날도 기껏 음식을 차려내느라 늦게서야 손님들이 먹고 난 상에 앉아 밥숟가락을 들라치면 '자넨 밥값이나 하고 먹나.' 하는 등의 걱정을 빙자한 비난에 선옥은 치솟는 설움을 섞어 몇 술 우겨넣고는 숟가락을 놓아 버리기 일쑤였다.

그녀는 누가 집에 오는 것이 겁나고 집에 있는 것조차 취조실에 있는 것 같았다. 그런 그녀에게 학교는 직장이자 도피처였다. 한쪽 나팔관이 없는 상태라 아이가 생길 수 있는 확률도 그만큼 희박해진 마당에 무작정 학교를 그만둘 수는 없었다. 시어머니는 처음엔 약한 몸을 내세워 학교를 그만 두라고 했지만 차츰 시어머니로서의 권위를 지키겠다는 심사로 자신의 의사를 관철시키려했다. 선옥은 아이가 생기는 대로 바로 학교를 그만두겠다고 사정해보았지만 시어머니는 잘난 며느리가 무식한 시어머니를 얕보고 대든다고 어깃장을 놓았다. 한 번 심사가 틀어지니 이전엔 좋게 보이던 것도 다시 보이는 모양이었다. 동네 노인들에게 며느리가 선생임을 은근히 자랑하던 때와는 달리, 동네 노인들이 며느리가 월급 많이 받아 좋겠다고 하면 그거 없어도 밥 안 굶는다며 선옥이 들으라는 듯 곧 그만둘 거라고 쏘아붙였다. 손자를 보기 위해서라면 병원이나 한의원은 물론 용하다는 점집이며 이상한 비법을 안다는 곳으로도 선옥을 앞세웠다. 보다 못한 민호가 조심스레 입양얘기도 꺼내보았으나 시어머니는 누구 씨인지도 모르고 어떤 종자인지도 모르는 아이로 어찌 가문을 이을 수 있냐며 단칼에 일축해버렸다.

처음 가졌던 죄책감은 차츰 굴욕감으로 변해갔다. 사실 아이를 갖고 싶은 건 누구보다 자신이 가장 간절했으며 누구보다 안타깝고 속상했다. 위로를 받아도 시원치 않을 처지인데 밥값도 못하는 식충이나 대를 못 잇는 죄인 취급에 대해, 아니 그런 대우에 항거할 수 없는 자신이 견딜 수 없이 비참했다. 자기 힘으로 할 수 있는 일이라면 아무리 힘들어도 해보겠지만 속수무책인 선옥으로선 이혼밖에 다른 대안이 떠오르지 않았다. 민호는 이제 결혼한 친구도 있는데 무슨 얘기냐고 펄쩍 뛰었지만, 시어머니는 사십 대 초반이면 청춘도 아니며 결혼한 지 칠 년이면 짧은 세월은 아니라며 선옥의 용단을 기꺼워했다. 민호가 완강하게 나오자 시어머니는 천하에 다시없는 효자를 천하에 막돼먹은 불효자로 만들었다는 억지까지 선옥에게 덮어씌웠다. 선옥은 민호의 그런 완강한 태도가 처음엔 고마웠지만 그쯤 되자 시어머니와 또 다른 양상으로 자신을 집 밖으로 내몰고 있는 것만 같았다.

시집을 나서며 선옥은 그간 굳게 믿고 있던 사랑이니 애정이니 하는 말이 참새 놀이터가 되어 버린 허수아비만큼이나 무의미하고 공허하게 느껴졌다.

진수는 주말 연속극을 할 때까지도 오지 않고 있다. 선옥은 좀체 일이 손에 잡히지 않아 티브이 앞에 앉아 올케에게 내용을 물어가며 연속극 내용에 빠져보려 애쓴다. 그러나 전후 내용을 모르는 터라 드라마에 시어머니가 나오면 자신의 새촘한 시어머니 얼굴이 오버랩 되고 시누이가 나오면 얌통머리 없던 시누이 얼굴이 겹치면서 또 다시 마음과 생각은 진수가 가 있는 그 집으로 가 있곤 한다.

"아니 왜 이렇게 늦었냐?"

진수는 아홉 시 뉴스가 끝나서야 돌아왔다.

"할머니가 저녁까지 먹고 가라고 하도 붙드는 바람에요."

"뭐, 할머니가? 선생님이 아니고?"

선옥은 할머니란 말에 간담이 서늘해져 묻는다.

"물론 선생님도 반겨주시고 붙드시긴 했죠. 그래도 그냥 나오려고 했는데 할머니가 고맙다며 한사코 붙드시더라고요."

"개인 주택이라고 했지?"

올케가 선옥의 눈치를 보며 묻는다.

"녜. 엄마. 집은 오래된 것 같은데 뒤뜰이 넓더라고요. 텃밭에서 할머니가 상추 쑥갓 같은 야채들을 따다가 주셨어요. 고기도 구워주시고."

"할머니가 시골에서 사시던 분이라 텃밭을 잘 가꾸실 거다."

"어? 선생님네 할머니가 시골에서 사신 걸 엄마가 어떻게 아세요?"

진수가 깜짝 놀라 묻자 선옥은 올케를 행해 눈살을 찌푸린다.

"내가 애기해줬어."

"고모는 어떻게 아세요?"

"으응, 옛날에 너의 담임선생님과 같은 학교에 근무한 적이 있었거든."

"아, 맞어. 선생님도 고모와 같은 학교에 근무한 적이 있다고 했지."

"선생님이 고모 애기하데? 뭐라고 하데?"

올케가 얼른 나서서 묻는다.

"학부형회의에 엄마가 다녀가신 후 나보고 고모를 아주 많이 닮았다고 하시더라고요. 그래서 우리 고모 아시냐고 했더니 선생님도 옛날에 고모와 한 학교에 있었다고 말씀하시던데요.

"다른 식구들도 봤어?"

"네 사모님하고 딸들이요."

"딸들?"

"선생님네는 딸만 둘이에요."

"딸만 둘?"

약속이나 한 것처럼 마주보는 올케와 선옥의 시선에 연민의 빛이 감돈다. 선옥은 자기도 모르게 낮게 긴 숨을 토해낸다. 시어머니 사고방식대로라면 아들이 없는 그 집은 대가 끊긴 셈이다. 얼굴은 모르지만 민호 부인의 마음고생이 손에 잡히는 듯하다.

구청에서 이혼 서류를 정리한 날, 민호는 집에 데려다주겠다며 선옥을 차에 태우고는 양양으로 달렸다. 처음부터 작정한 것은 아니고 그냥 복받치는 답답함을 어쩌지 못해 달린 듯했다. 그날 민호는 사람의 숨소리라고는 믿기지 않을 만큼 거친 숨을 토해내며 선옥의 몸을 파고들었다. 대가족 속에서 자제해 왔던 감정과 마지막 회한을 한꺼번에 쏟아놓는 것 같았다. 그 순간에 비하면 그간의 성교는 아이를 갖기 위한 제례와 같았다는 느낌이 들었다. 선옥은 울음을 토해냈다. 아니 울음이라기보다 육신 스스로가 내는 소리였다. 육신이 최상의 컨디션일 때 어떤 이성이나 정신적인 간섭 없이 저절로 울리는 진동 같은 것이었다. 그녀는 경험해 보진 않았지만 이 환희야말로 삼천 개의 뼈마디가 물러난다는 산고의 고통과 맞설만하다는 생각이 들었다. 어쩌면 조물주가 종족보존을 위해 그런 산고에 이르도록 유인하는 미끼란 생각이 들었다. 아니 산고에 대한 보상이요 선물일 것만 같았다. 진작에 이런 희열을 느꼈다면 이혼을 하지 않았을지도 모른다는 생각마저 들었다.

민호가 가까운 친척만 참석한 채 신부 동네인 지방 소도시에서 결혼식을 올렸다는 후문을 전해들은 건 민호와 양양에서 마지막 밤을 보내고 온 날로부터 석 달쯤 후였다. 선옥은 예상해온 일이긴 하지만 그래도 너무 빨라 허탈한 마음이 들었다. 그런 자신이 마치 생전 안 꾸던 돼지꿈을 꾸고 나서 산 복권이 꼴등자리도 안 맞아 씁쓰레해 하는 것만큼이나 미련해 보였다.

선옥은 양양에서 민호와 마지막 밤을 보내고 난 다음날 새벽 떠오르는 태양을 보며 이왕지사 일이 이렇게 된 것 민호가 아들 딸 낳고 잘 살길 빌었다. 그리고 지금쯤은 그때 이혼을 강행한 자신의 결단에 대해 민호가 고마워해 줄 것이라 믿고 있었다. 물론 그렇지 않다는 건 아니지만 아들로 대를 이어야 한다는 시어머니의 집념을 생각하면 어쩐지 허우룩한 느낌이 들었다.

"아들이 없어 할머니가 많이 섭섭해 하시겠구나!"

"그런가 봐요. 그래선지 할머니께서 저한테 무척 잘해 주셨어요."

"왜, 무슨 일 있었니?"

두 여인의 부딪치는 눈길은 다시 한 번 긴장한다.

"밥을 먹을 때도 제 앞으로 반찬을 다가놓으며 많이 먹으라고 하고, 어린 학생들이 예의도 바르다며 다른 애들도 있는데 유난히 저한테만 잘해 주셨어요. 그리고 제 등을 툭툭 치면서 이런 아들이 있는 집은 얼마나 좋을까 하시는 거예요."

"그랬구나. 아직도 노인들은 아들을 더 바라거든."

처연한 올케의 대꾸와 달리 선옥은 눈을 감는다.

"그것도 그거지만 어젯밤에 이상한 꿈을 꾸셨대요."

"뭐, 꿈을?"

선옥은 긴장감을 감추지 못하고 진수의 입만 주시한다.

"네. 내가 뜨거운 국을 먹다가 땀이 나서 손수건으로 닦는데 갑자기 할머니께서 내 손수건을 좀 보자고 하셨어요. 왜 그러시나 하고 드렸더니 자세히 살펴보고는 참 별일 일세 하시면서 선생님한테 꿈 이야기를 하셨어요. 꿈에 할머니가 아주 오랜만에 고향 할아버지 산소에 가셨대요. 그런데 그 근처에 있는 다른 산소는 잔디가 한 뼘이나 자라고 주변도 잡풀이 우거졌는데 할아버지 산소만 마치 푸른 융단을 깔아놓은 것처럼 잘 정돈돼 있더래요. 이상하다 누가 이렇게 깨끗이 벌초를 해놓았을까 하고 산소 주변을 살피는데 손수건 한 장이 떨어져 있더래요. 그래 주워서 살펴보았는데 처음 보는 거였대요. 틀림없이 손수건 임자가 산소를 돌보고 있나 본데 그게 누굴까 하고 궁금해하다가 잠을 깼대요. 잠이 깨고 나서 이상하다고는 생각했지만 기분은 아주 좋으셨대요. 그런데 제 손수건이 바로 꿈에 본 그 손수건과 똑같았대요. 오늘 제가 애들하고 병문안 갈 걸 암시하는 꿈이었나보다고 모두들 웃었어요."

선옥은 순간적으로 아득해지면서 현기증이 난다. 태연히 얘기하고 있는 진수의 모습에서 종족보존을 위한 시어머니의 강한 생태학적 집념이 느껴진다. 꿈속에서 보았다는 손수건도 정말 진수의 손수건과 똑같다기보다 대를 잇겠다는 시어머니의 집념이 똑같이 느끼게 했을 것만 같다. 그 집념은 민호로 하여금, 올케가 진수 형을 제왕절개로 낳으면서 영구불임수술까지 한 것을 기억나게 할 것이다. 매일 진수를 대하는 민호는 그 사실을 기억하는 데 그리 긴 시간이 필요 없을지도 모른다. 진수보고 고모를 많이 닮았다고 했다니 그 사실만 기억한다녀…. 선옥은 심뜩한 한기를 느끼며 어금니를 깨문다.

평소 말이 많지 않던 진수는 그 집에서 융숭한 대접을 받아서인지, 그 집에서 보고 들은 얘기를 제 엄마에게 늘어놓고 있다. 선옥은 그런 진수의 모습에서 잊고 있던 민호의 모습을 찾아낸다. 민호도 평소엔 말이 없다가도 어린 시절 시골에서 보낸 일이나 군대 얘기만 나오면 신나게 떠벌리곤 했다.

자신은 불러오는 배를 표 안 나게 하려고 애쓰고 올케는 거

짓 배를 부풀리던 일이며, 진수의 형과 형평을 맞추기 위해 고모의 한계를 넘지 않으려고 입술을 깨물며 어미로서의 감정을 삭혀야했던 숱한 나날들이, 진수의 손에 들려진 꼬깃꼬깃한 손수건 한 장으로 한낱 해프닝으로 끝나고 말 것 같은 허전함이 선옥의 가슴에 자리를 잡는다.

시댁을 나오던 날 부질없이 펄펄 날리던 춘설처럼, 민호가 재혼하고 난 후에야 임신한 걸 알게 된 날 바람에 우수수 떨어지던 낙엽처럼, 차곡차곡 쌓아두었던 애증의 순간들이 무질서하게 우르르 날아오른다.

반사경

오승경 ohskk@hanmail.net

"나 때는 말이다. 퇴근시간 지나서도 일을 했지. 아암. 하고 말고. 일거리가 얼마나 많았는데. 그 시절에도 밤늦게 일하면 잔업수당을 받았다고. 그 때가 언제냐? 지금보다 훨씬 못살던 칠팔십 년대라 이거야. 근데 지금 같은 시대에 회사에서 밤늦게까지 또 휴일에도 일하면서 수당이 없다는 게 말이 되냐? 그건 다 니가 멍청해서 그런 거야. 지 밥그릇도 못 챙기고. 이 험한 세상에 그래가지고 너 어찌 살아남을래. 쯧쯧. 이런, 못난 놈."

영철은 고개를 절래 흔든다. 벌써 몇 번째 듣는 말인지 모른다. '그건 아버지가 공장에서 일했으니까 그런 거구요. 전 사무직이라고요. 블루칼라랑 화이트칼라가 같아요?' 영철은 그 소리가 입 밖으로 튀어 나오려는 찰나 윗니로 아랫입술을 지그시 누르며 내뱉지 못한 말을 가까스로 삼킨다. 토해내지 못한 말은 위내시경 검사 약물보다 더 힘겹게 목구멍을 타고 내려간다. 상한 음식을 먹은 듯 속이 더부룩하다.

"공장에서 일하다보면 어찌나 시끄럽던지. 기계가 쉴 새 없이 돌아가는데 그래도 그 사이에서…."

아버지의 네버엔딩 스토리는 계속된다. 세헤라자데가 와서 울고 갈 기세다. 일제 강점기에 태어나 한국전쟁과 군사정변 등 급변하는 세대를 몸으로 체험한 아버지다. 아버지는 기회만 있으면 본인의 경험을 자꾸만 늘어놓고 싶어 했다. 특히 말자 고모 이야기는 아버지의 주요 레퍼토리다.

"우리 말자가 말이지. 나를 오빠, 오빠 하면서 따랐거든. 여시처럼 애교도 많고. 한 번은 친구들하고 냇가에 놀러가기로 했는데 말자가 따라가겠다고 어찌나 떼를 쓰던지. 아니 남자애들끼리 고추 내놓고 멱을 감는데 기집애가 낀다는 게 말이 되냐? 아무리 어리다고 해도 그렇지. 근데 고게 또 귀엽게 생겨가지고…."

전쟁 통에 아버지는 바로 아래 여동생을 병으로 잃었다. 어릴 적 기억이 트라우마로 남아서인지 아버지는 공장에서 일을 마치고 얼큰히 약주에 절어 돌아오면 잠든 영철을 깨워 얼굴도 모르는 고모 이야기를 늘어놓았다. 아버지의 일장 연설이 끝날 때까지 영철은 졸린 눈을 비비며 한 번도 본 적 없는 말자 고모의 이야기를 들어야 했다. 쏟아지는 눈꺼풀을 이기지 못하고 졸기라도 하면 아버지의 불호령이 떨어졌다. 너 이 자식. 하늘같은 아버지가 말씀하시는데 어디서 배워먹지 못한 행태야. 내가 널 그렇게 가르치던? 열두 시가 넘은 야심한 시각에 곤히 잠든 아들을 깨워 같은 이야기를 무한 반복하는 게 얼마나 배워먹은 행태인지는 모르겠지만 영철은 그 때마다 엄지손톱을 세워 발바닥을 꾹꾹 누르며 잠을 쫓곤 했다. 불호령은 일차 경고였다. 집안 가재도구가 날아다니고 그 물건들이 자신의 몸에 강한 스파이크로 부딪쳤다. 가급적 일차에서 일을 마무리할 필요가 있었다.

아버지의 집은 개성에서 꽤 소문난 알부자였다. 일제 강점기에도 그럭저럭 버티며 살았는데 해방 후 공산당이 활개를 치기 시작하면서 위기를 맞았다. 동네 다른 부자들은 집이며 땅을 서둘러 팔아치우고 남으로 내려갔지만 할아버지는 그들과 함께 하길 한사코 거부했다.

"일본 순사 놈이 위협을 할 때도 지켜낸 땅이야. 그깟 공산당이 무섭다고 헐값에 넘겨?"

가산을 정리해서 남으로 내려가자는 가족의 말에 할아버지는 분노했다. 공산당의 세가 점점 드세어지고 동네에 남아 있던 마지막 지주로서 코앞까지 생명의 위협이 짙게 드리워진 다음에야 할아버지는 집안에 남아 있던 금붙이와 현금을 챙겨 한밤중에 몰래 남으로 내려왔다. 가족들의 만류에도 불구하고 친구들이 땅을 내 놓는 족족 헐값으로 사들였던 할아버지는 북에 있는 그 넓은 땅 중 단 한 마지기도 가지고 내려올 수 없었다. 그나마 금고를 털어 가져온 종자돈마저 사업을 하다 모두 날렸다. 부잣집 고명딸로 태어나 시집오기 전까지 손에 물 한 방울 묻혀 보지 않은 할머니가 북에서 가져온 금붙이를 모두 내다 팔아 양계장을 차려 생계를 꾸려나갔다. 아버지는 부잣집 도련님에서 닭치는 소년으로 하루아침에 신분이 곤두박질했고 그 격변의 시기에 태어난 막내고모는 양계장에서 뛰어놀다 다섯 살 때 결핵으로 생을 마감했다. 가족들이 가산을 모두 정리해서 남으로 내려가자고 할 때 진작 그 말을 들었다면 동생이 돈이 없어 약 한 번 못 써보고 허무하게 죽는 일은 없었을 것이라며 아버지는 술만 들어가면 할아버지에 대한 원망을 쏟아냈다.

아버지를 싫어하는 건 아니다. 이해한다. 초등학교도 들어가기 전에 할아버지를 잃었기에 머릿속에 할아버지에 대한 기억이 많지 않았다. 하지만 자기 앞에서는 세상 무서울 것이 없이 포효하던 아버지가 할아버지 앞에서는 연약한 토끼가 되어 웅크리고 앉아 있던 모습은 아직도 영철의 뇌리에 깊게 박혀 있다. 피는 못 속인다고 아마도 아버지의 자식에 대한 소유욕과 과시욕은 할아버지로부터 물려받았으리라. 멘델의 법칙을 인간 따위가 거스를 수 없으니 아버지에게는 어쩌면 안쓰럽다는 표현이 더 적절할지도 모른다.

자신이 경험하지 못한 세대를 아버지는 어렵게 통과해 왔고 그 결과 지금 이 자리에 자신이 존재할 수 있음을 굳이 부인하고 싶지는 않다. 다만 아버지가 자신을 붙들고 한 얘기 또 하고 또 하는 일은 제발 자제해 주었으면 싶다. 어릴 때야 아버지가 때리면 이유도 모르고 맞고 깨우면 졸린 눈을 비비며 아버지의 말씀을 경청할 수밖에 없었지만 영철도 이제는 고등학생 딸을 둔 한 집안의 엄연한 가장이다. 그런데도 아버지는 영철을 한 집안의 가장으로 인정하지 않고 툭하면 트집을 잡고 잔소리를 퍼부었다. 그것뿐인가. 걸핏하면 '내가 니 나이 때에는….' 으로 시작되는 사설을 늘어놓으며 영철을 무시하곤 했다. 영철이 불효자였으면 진작 아버지와의 연을 끊었을 것이다. 어찌 되었든 영철은 어머니를 사랑하고 또 효자는 아니어도 최소한 아들 도리는 하고 싶었다. 그래서 평상시에는 얼씬도 않지만 명절이나 또 오늘처럼 아버지 생신에는 가족을 동반하고 본가에 가서 저녁을 같이 먹는 것이다. 하지만 이런 경사스러운 날에도 아버지는 영철을 가만히 내버려두지 않았다. 오늘도 딸 서연 앞에서 영철의 위신을 여지없이 깎아내렸다.

"영철이가 너만 했을 때 어찌나 공부를 못했는지 성적표를 가져오면 앞에서 세는 것보다 뒤에서 세는 게 더 빨랐단다. 그래도 대학 간 거 보면 신통하지."

그러고는 혼자 걸쭉한 웃음을 쏟아낸다. 손녀딸 앞에서 도대체 무엇이 그리 재미있는지. 영철이 얼굴이 벌겋게 달아오른다. 아니, 내가 그 때 왜 성적이 좋지 못했나? 친구들이 알음알음 족집게 고액과외를 받을 때 영철은 싸구려 보습학원 한 번 다녀본 적이 없다. 영철이 청춘의 한 가운데에서 나름 혼란에 휩싸이며 방황할 때 손을 내밀어 주고 다독거려주기는커녕 독한 알코올 냄새를 뿜어대며 야구방망이를 휘두르던 아버지였다. 고등학교 문턱도 가보지 못한 아버지가 손녀 앞에서 할 이야기는 아니었다.

"서연아, 이제 가자. 일어나."

영철이 먼저 자리에서 일어났다. 아버지의 표정이 순간 싸늘해진다. 호탕한 웃음소리는 간 데 없다. 쭈빗거리며 눈치를 살피던 딸 서연이 따라나섰다. 부엌에서 사과를 깎다 말고 어머니가 거실로 나온다.

"아이고, 야야. 과일은 먹고 가라. 사과 다 깎았는데. 아버지 생신인데 밥만 달랑 먹고 이리 가나."

어머니 이마에 패인 굵은 주름이 눈에 들어온다. 영철은 하마터면 다시 자리에 앉을 뻔 했다. 일 년에 몇 번 와서 밥만 먹고 가는 것도 이리 힘든데 어머니는 한 평생 어찌 그 인고의 세월을 견뎌내셨을꼬. 스르르 무너져 내리는 마음을 다잡는다. 영철은 서연과 아내를 데리고 집으로 향했다. 더 이상 시간을 지체하다가는 고성이 오갈 게 뻔했다. 내년 아버지 생신에는 본가로 가지 말고 식당에서 만나자고 해야겠다.

"아빠, 할머니랑 할아버지 표정 봤어? 많이 서운해 하시던데…."

룸미러에 서연의 얼굴이 비친다. 차창 밖을 바라보는 서연의 얼굴이 마냥 해맑다. 영철은 또 한 번 짜증이 솟구친다.

"야, 너 할아버지가 아빠 욕 하고 그러는데 그걸 가만히 앉아서 듣고 있냐? 넌 기분 안 나빠?"

영철을 향한 눈동자가 흔들리는가 싶더니 서연은 이내 차창 밖으로 고개를 돌린다. 뒷좌석 시트에 편안하게 몸을 기대고 차 밖 경치를 감상하는 얼굴이 사뭇 평화롭기까지 하다. 영철의 운전이 점점 거칠어진다. 자신이 서연의 나이일 적에는 아버지 입에서 나오는 말 한마디 한마디가 감당할 수 없이 무거웠다. 그 다음 화살이 어디로 향할 것인가 아버지의 폭주는 어디에서 끝이 날 것인가 솜털 하나하나를 삐죽 세우며 아버지의 눈치를 살폈다. 그런데 서연은 그렇지 않다. 저리 무표정한 얼굴로 일관한다는 것은 자신을 무시한다는 얘기였다.

"최서연, 너 아빠가 하는 말이 말 같지 않니?"

서연이 그제야 시선을 영철에게 돌린다. 작은 미간 사이에 골이 하나 파인다.

"어쭈, 얼굴을 찡그려? 그래 한 번 해보자는 거지."

영철이 입을 다시 연다.

"야, 아버지란 게 뭐냐? 응? 하늘같이 높은 게 바로 아버지다 이거야. 근데 아버지가 말씀하시는데 너 그 태도는? 나는 한 귀로 듣고 한 귀로 흘릴란다. 뭐 이런 거야?"

까톡! 서연 대신 서연의 폰이 입을 연다. 뒷좌석에서 서연은 카톡 메시지를 확인한 후 손가락을 움직여 번개같이 답을 보낸다. 영철은 이 순간을 놓치지 않았다.

"뭐냐? 아버지 말씀 중에? 넌 도대체 어떻게 된 아이가 말귀를 그렇게 못 알아 듣냐. 내가 니 나이 때는 아버지 말씀 중에 하품이라도 하면 난리가 났어. 근데 감히 카톡질을 해? 요즘 애들 아무리 버릇이 없다 없다 해도 난 우리 딸만큼은 안 그럴 줄 알았다. 넌 안 그럴 줄 알았다고."

토요일 저녁이라 그런지 서울 도심을 통과하는 차량은 가다 서기를 반복했다. 빼곡히 들어선 빌딩 사이를 통과하는 차량 행렬 안에서 영철의 레퍼토리도 그칠 줄 모르고 반복되고 있었다.

소화불량

김선영 serena6709@naver.com

현관문을 열자 비릿한 냄새가 먼저 달려든다. 비린내라기보다는 물속에 쌓인 퇴적물과 뒤섞인 생선의 내장 냄새라는 게 더 정확한 표현인지도 모르겠다. 칠십이 넘은 모친과 아내 미숙이 주방에서 팔뚝만한 생물을 놓고 실랑이를 벌이고 있다. 처가에서 또 장어를 보내온 모양이다. 영철은 두 사람을 향해 인사를 하는 둥 마는 둥 재빨리 안방으로 들어갔다. 장어를 보니 또 속이 울렁거린다. 남들은 없어서 못 먹는 보양식이라지만 해마다 몇 차례씩 보내오는 장어를 보면 영철의 가슴은 무거운 쇳덩이가 짓누르듯 답답하고 음식을 먹기도 전 지레 겁부터 났다.

지난해까지는 그의 모친이 직접 장어 손질을 했다. 장어는 힘도 좋지만 미끄러운 껍질 때문에 손질하기가 영 사나웠다. 모친은 어린 시절 씨받이로 들어왔던 작은 할머니에게 장어 손질법을 배웠다고 한다. 먼저 나무도마에 장어머리를 못으로 박아 고정시키고 배를 가른 다음 등뼈를 드러내고 내장을 정리하면 손질은 끝난다. 모친은 구이나 조림을 할 때 필요한 장어 손질법을 며느리 미숙에게 기어코 전수시키고 말겠다며 저렇게 야단법석이다.

까악~ 소리를 지르며 아내 미숙은 펄떡대는 장어 대가리에 못을 박기 위해 안간힘을 쓰고 있다. 모친의 혀 차는 소리가 안방까지 들려온다. 영철은 양복을 벗어 장롱 옷걸이에 걸고 침대에 누웠다. 고부가 어찌나 열심히 투덕거리고 있는지 영철이 들어와도 시큰 둥 별 반응이 없다. 무관심이 오히려 마음은 편했다.

영철은 그의 모친 나이 삼십 넘어서 얻은 귀한 외아들이다. 종갓집은 아니지만 손이 귀한 집안이었다. 위로 누나가 둘이나 있었지만 기억에 없다. 모두 젖먹이 때 홍역으로 죽었기 때문이다. 외가도 손이 귀했다. 그래서인지 아들을 보겠다며 시앗을 여럿 봤다는 외조부에 대한 모친의 뿌리 깊은 원망은 생각보다 깊었다. 아들을 못 낳는다는 이유로 시댁의 구박이 심했지만 영철의 탄생으로 마침내 3대 독자의 대를 잇게 되었다. 모친은 지금도 술만 들이키면 그때의 일을 회상하며 푸념을 늘어놓았다.

귀하게 얻은 자식이라서 그런지 모친의 아들사랑은 유별났다. 가진 것 없는 집안에서 금이야 옥이야 자랐다. 하지만 호강한 기억은 없고 삼시세끼 먹은 게 전부였다. 요즘말로 쌓일 스펙조차 없는 지루한 삶이었다. 그런데도 모친은 틈만 나면 아들만큼은 배고프지 않게 키웠다고 자랑을 일삼았다. 사실, 모친의 지나친 강박관념이 영철에겐 스트레스였다.

장어 손질을 전수받은 아내가 모친의 자리를 대신하고 있는 것을 깨달았을 즈음 영철은 자신에게 섭식장애가 있음을 알게 되었다. 두 여인의 지나친 영철 바라기가 지속되는 한 그에게 가정은 편한 곳이 아니었다.

딱히 바랐던 미래나 성공목표도 없었던 그는 사춘기 때도 말썽 한 번 안 일으킨 모범생이었다. 모친은 영철을 볼 때마다 면서기였던 아버지를 닮았다고 했다. 제대 후 공무원 시험에 합격한 영철에게 모친은 고향 친구의 조카라는 미숙과 선을 보게 했고 의사를 묻지도 않고 결혼식 날을 잡았다. 얼떨결에 떠밀리다시피 결혼식을 치렀다. 아내에 대한 애정이나 자식욕심이 없는 것은 당연한 일인지도 모른다. 비쩍 마르고 광대뼈가 도드라져 신경질적으로 보이는 영철과 반대로 미숙은 작은 키에 살집이 있는 외향적인 여자였다. 그녀는 영철보다 모친과 합이 잘 맞았다. 고부간의 갈등이라곤 찾아보기 힘들었다. 외향적이고 막걸리를 즐겨 마시는 어머니와 하나에서 열까지 잔소리를 입에 달고 사는 아내는 신통하게도 많은 부분이 닮아 있었다.

“언제 들어왔대?”

미숙이 안방 문을 열었다. 비린내가 뒤따라왔다. 영철은 문 쪽으로 등을 돌리고 새우처럼 구부정하게 모로 누웠다.

“살이 통통해서 구이를 하려고 하는데 어때?”

“알아서 해.”

“왜 그래?”

“속이 안 좋아.”

“또?”

돌아누운 뒤통수가 따갑다. 영철은 아내가 도끼눈을 하고 쏘아보고 있음을 느낀다.

“어머니! 이이가 또 속이 안 좋대요. 구이 말고 탕으로 해요.”

영철은 아내 미숙의 말속에 가시가 있음을 모르지 않았다. 미숙은 늘 시어머니가 없는 곳에서 영철을 압박했다. 미숙은 영철을 보며 야망도, 의욕도 없는 만성 소화불량에 시달리는 무기력한 남자라고 했다. 틀린 말은 아니었다. 거세된 말처럼 아무리 용을 쓰고 처가에서 보내주는 장어를 수없이 먹어치워도 남성이라는 것이 좀체 힘을 못 쓰니 말이다. 영철의 소화불량과 미숙의 욕구불만 중 어느 것이 더 큰 문제인지?

결국 모든 노력과 정성이 무용지물이 되자 영철은 모친과 아내의 손에 이끌려 불임클리닉에 갔다. 검사 결과 두 사람 모두 정상이었다. 그럼에도 불구하고 아이가 생기지 않는 것은 영철의 정력이 약하다는 결론이었다. 시험관 아기도 생각해 보았지만 만만치 않는 비용에 모친은 혀를 내둘렀다. 아이는 삼신할미가 때가 되면 점지 해줄 것이라며 조바심내지 말라고 손사래를 쳤다. 손자를 안아볼 욕심은 컸지만 넉넉지 않는 살림에 영철의 등골 휘는 꼴을 보고 싶진 않은 모양이었다.

그때부터 장어는 물론이고 거북이 기름에 산수유까지 몸에 좋다는 것은 다 먹어보았다. 하지만 비위가 약하고 입이 짧은 영철은 모든 보약재를 몰래 화장실 변기에 버렸다. 보약이니 정력제니 보기만 해도 넌덜머리가 났다. 그런 영철의 마음을 아는지 모르는지 모친과 아내는 지치지도 않고 계속해서 풍천장어로 유명한 처가에서 장어를 조달해 왔다.

신체적인 결함이 없다는데도 아이가 생기지 않는 것은 영철의 성욕이 식욕의 발뒤꿈치도 따라가지 못하는 체질 때문인지도 모른다. 어쩌면 그것이 불임의 원인일지도. 그래서인지 미숙은 영철에게 억지로 보양식을 먹였고 밤이 되면 발정난 고양이처럼 귀찮게 굴었다. 사실 영철은 아내에게 욕정을 느끼지도 못했고 여자를 찾고 싶지도 않았다. 사정도 모르는 미숙은 매번 남자에게 좋다는 것을 억지로 먹게 했다. 그런 날이면 속이 더부룩하면서 잦은 트림과 함께 소화시키지 못한 음식의 역겨운 냄새가 올라왔다. 마치 체한 것처럼 어지럽고 메슥거렸다. 견디다 못해 손가락을 입에 넣고 억지로 토해내면 겨우 진정이 됐다. 그런 현상이 자주 있다 보니까 이제는 습관적으로 구토를 하게 됐다. 스트레스가 가장 큰 원인이었다. 그렇다고 무슨 뾰족한 방법이 있는 것도 아니어서 답답했다.

영철의 스트레스 주범은 불임이나 고개 숙인 남성만이 아니었다. 아이 양육과 교육비 그리고 노모를 부양해야 하는 경제적 부담감으로 어깨 한 번 펴기 힘들 정도로 늘 고단했다. 도시에서 살아가려면 맞벌이가 필수인데, 여자가 밖으로 나돌면 살림이 헤퍼진다는 모친의 억지 고집에 전업주부가 된 아내는 점점 몸무게가 늘어났다. 생활비에 모친 병원비까지 가정경제에 빨간불이 들어오면서 영철의 능력에도 한계가 왔다.

영철의 남성이 시들시들한 이유는 아내 미숙의 탓도 있었다. 아내는 시도 때도 없이 영철을 주눅들게 했다. 집안의 궂

은일부터 대소사까지 척척 해냈다. 벽에 못을 박는 것은 예사였고 웬만한 고장은 전문가 손을 빌리지 않고 손수 고쳤다. 주변사람들은 내조의 여왕이라고 입에 침이 마르도록 칭찬을 했다. 영철은 그런 아내가 끔찍스럽고 징그러웠다. 남성을 거세해버리는 씩씩함이 오히려 그녀를 매력 없게 했다. 영철에게 그녀는 뱁새 둥지를 차지하고서 커다란 입을 벌리고 먹이를 구해오라고 닦달하는 뻐꾸기 같았다.

작은 아파트를 철옹성처럼 지켜내면서 사회라는 태풍으로부터 안전할 것이라고 믿는 미숙. 그녀는 그 철옹성을 더욱 견고하게 만들기 위해 임신을 원했다. 영철이라는 곳간 열쇠를 가진 모친과 달리 미숙에게는 미래가 불투명했으니까. 물론 세대가 달라져 부모 부양을 외면하는 자식들도 허다하지만 고대 원시 때부터 여성이 생존해온 수단. 조물주가 뼛속에 각인해둔 소명. 그래서 거꾸로 뻐꾸기는 둥지로 돌아오는 뱁새에게 볼이 미어터지도록 먹이를 먹인다. 양육과 사육이 묘하게 뒤섞이는 기분에 영철은 언짢아졌다.

매일 똑같은 시간에 출퇴근을 반복하는 영철의 집은 저녁식사 시간도 매일 똑같았다. 4인용 식탁에 셋이 앉아서 밥을 먹는 동안 모친과 아내는 쉴 새 없이 수다를 떨었다. 하루 종일 붙어 지내는 두 사람, 마르지 않는 샘물처럼 끊이지 않고 대화가 이어진다는 것이 신기했다. 장어탕은 느끼했다. 비린내를 없애려고 잔뜩 넣은 된장이나 생강의 맛을 덮어버릴 정도로 기름이 많았다. 장어탕 한 숟가락에 갑자기 욕지기가 나오사 있으나마나한 식욕까지 싹 달아났다.

"어휴! 몸에 좋은 것을 해주면 뭐해. 또 저렇게 비위가 상해서 못 먹는걸."

"너무 기름져. 느끼해."

"남들은 없어서 못 먹는다는 자연산 민물장어야. 성의를 생각해서 몇 숟가락은 먹어야할 거 아냐."

"난 됐어. 어머니랑 당신이나 많이 먹어."

"속이 안 좋으면 약을 좀 먹든지. 만날 우거지상을 하고 있으니 들어올 복도 안 들어오겠다. 구이를 해먹으려고 장어까지 손질했구먼. 아깝게."

"그래. 영철아 한술만 더 떠라. 네 마누라가 처음으로 손질한 장언디."

"하늘을 봐야 별을 딴다는데 하늘은커녕…. 밤낮으로 보양식이다 뭐다 해먹이면 뭘 해. 제가 우리끼리 그냥 구이 해먹자고 했잖아요. 지지고 볶고 맛난 거 해 먹이는 보람도 없이. 이년이 박복하긴 한가보네."

"아이고 아가! 무슨 말을 그렇게 하니. 어서 먹자. 너도 먹고."

음식 타박하는 것은 아니었지만 이쯤 되면 식탁에서 일어서는 것조차 두려워진다. 아내 미숙의 말에는 서방이 저렇게 부실하니 자식을 바라기 힘들다는 압박이 담겨있었다. 작정하고 모욕을 주는 것이다. 영철은 낯이 뜨거워졌다. 모친 앞에서 발가벗겨지고 쪼그라든 불알까지 들켜 버린 것 같이 창피했고 치욕스러웠다. 그는 탕 그릇을 들어 미숙의 정수리에 들이붓고 싶은 것을 간신히 참으며 마지못해 숟가락을 들었다. 하지만 스멀스멀 피어오르는 장어탕의 냄새는 견디기 힘들 정도로 오장육부를 훑어 내렸다. 영철은 식은땀을 흘리며 두 눈을 딱 감았다.

클럽 800

김정현 aneeyre74@naver.com

아침부터 빗줄기가 쏟아졌다. 영훈이 부탁한 시간에 맞추어 준석은 승합차를 끌고 왔다. 승합차에 실을 이삿짐은 얼마 되지 않았다. 영훈은 간단하게 꾸린 짐을 뒷좌석에 집어넣고 조수석으로 가 앉았다. 승합차는 K연습장으로 향했다. 영훈은 골프백을 K연습장에 두고 온 것이 다행스러웠다. 집에 있었다면 그것마저도 차압딱지가 붙었을 것이다. 차가 K연습장 입구에 도착했다. 영훈은 실내로 들어가 자신의 사물함에서 골프백을 꺼냈다. 지퍼를 열었다. 우드와 아이언 모두 클럽커버에 잘 씌어져 있었다. 일일이 커버를 벗겨 클럽들이 무사한지 확인했다. 티끌 하나 없이 잘 닦여진 클럽 14개가 고스란히 제자리에 있는 것을 보고서야 골프백을 메고 K연습장을 빠져나왔다. 차는 빗길을 위태롭게 달렸다. 전면 유리의 와이퍼가 빗물을 닦아내기 위해 쉴 새 없이 움직였다. 창문으로 돌진하여 부딪히는 빗줄기는 영훈의 가슴을 뚫고 들어왔다. 영훈은 이를 악물었다. 준석의 차는 이천분기점을 지나 Y시에 진입했다. 차는 대성면 성구리에 위치한 클럽800으로 곧장 달렸다.

"죽이지? 여긴 비 오는 경관도 수준급이야. 영훈아! 빗속 라운딩 하고 싶지 않냐?"

준석은 차를 클럽800 진입로에 세워 둔 채, 창문 너머로 필드를 내려다보고 있었다. 곧이어 승합차는 골프장 근처의 전원주택단지로 향했다.

장미 넝쿨이 담을 타고 있는 아담한 2층집이 나타났다. 영훈은 골프백을 어깨에 멘 채 대문을 밀고 안으로 들어갔다. 이모네 집이었다.

골프백을 열어 숏 아이언을 집어 들었다. 이모의 목소리가 들렸다.

"영훈아, 어디 가려고? 아직 비도 오는데."

"금방 올게요."

"그래? 그럼 우산 쓰고 가라."

넋 잃고 앉아 있을 수만은 없었다. KPGA 선발전이 한 달도 채 남지 않았다. 그 어느 때보다 마인드컨트롤이 중요한 때라는 것을 영훈은 잘 알고 있었다. 그 목표를 향한 자신의 집념이 어느 것으로도 방해받아선 안 되었다. 영훈이 처음 골프를 배울 때였다. 영훈에게 '샷' 동작을 가르치면서 아버지는 말했다.

"골프는 자기 컨트롤이야. 마음의 중도를 지키지 않으면 골프는 무너져. 넌 골프하는 자세로 살아야 한다."

그때는 그 말이 어려웠다. 영훈은 이제 그것을 이해할 수 있었다. '그래. 난 지금 해저드에 빠진 거야. 침착하자. 해저드에서도 온그린 시킬 수도 있고, 홀컵에 넣을 수도 있지 않은가….' 골프를 늦은 나이에 시작한 영훈은 단 한 순간도 의미 없이 날려버릴 수가 없었다. 전원주택단지를 빠져나가자 논밭이 있는 들녘이 나왔다. 도로에는 지나가는 차도, 사람도 보이지 않았다. 우산을 든 영훈은 아이언 샷을 연습할 적당한 장소를 찾아 걸었다. 왼손에는 8번 아이언이 쥐어져 있었다. 우중경기를 위해서라도 비를 맞으면서 하는 연습은 필요했다. 버스 한 대가 영훈이 옆을 지나 정거장 푯말이 세워진 곳에서 멈췄다. 문이 열리고, 교복을 입은 여학생이 우산을 펼치면서 내렸다. 뒤따라 할머니가 내렸다. 여학생은 우산을 할머니에게 받쳐주었다. 할머니는 여학생의 우산을 가로챘다. 할머니는 니년이랑 우산 같이 안 써! 라는 독기어린 말을 뱉고는, 여학생을 앞질러 나갔다. 여학생의 교복은 순식간에 젖어들었다.

성아의 육체가 쭈뼛거렸다. 어둠 안으로 파고드는 파장은 성아의 수면을 휘저어 놓았다. 성아는 양팔을 휘저었다. 그러면 그럴수록 성아의 배에 올라탄 상대의 힘은 세졌다. 성아는 벗어나려고 안간힘을 써보았다. 어쩐 일인지 몸이 말을 듣지 않았다. 비명이 터지지 않고 신음소리만 가냘프게 새어나왔다. 상대의 손이 성아의 윗옷을 움켜쥐었다.

"어여 일어나서 내 아들 살려내! 살려내!"

할머니의 목소리가 성아의 잠든 의식을 깨웠다. 성아는 숨을 헉헉대며 할머니를 밀쳐냈다.

"할머니, 나야! 나, 할머니 손녀! 성아, 성아, 성아라구! 정신 좀 차려!"

"뭐라고? 내 아들 죽인 년이 뭘 잘했다고 소릴 질러!"

어둠 속에서도 할머니의 손아귀는 목표물을 정확히 낚아챘다. 성아의 머리채가 뒤흔들렸다. 새벽은 그렇게 할머니의 폭압과 악다구니로 시작되었다. 성아는 한평생 농사일을 했던 할머니의 힘을 당해낼 재간이 없었다.

할머니가 잠들었다. 성아는 교복으로 갈아입고, 정신없이 버스 정류장으로 뛰었다. 길이 질척해 젖은 흙이 옆으로 튀었다. 하늘은 잿빛으로 차분했다. 묵직하게 비를 머금은 하늘을 보니, 어떤 청년의 얼굴이 설핏 떠올랐다가 사라졌다. 빗방울이 우두둑 떨어지기 시작했다. 성아 옆으로 BMW 한 대가 세워졌다.

"성아야, 타!"

유리였다. 뒷좌석에 앉아 있던 유리는 동작 빠르게 차에서 내려 성아의 가방을 잡아당겼다. 성아는 질질 끌려들어 갔다.

학교 수업이 끝나고 집에 오니 할머니는 보미 엄마가 차려준 저녁밥을 먹고 있었다. 보미네는 성아네 옆집 사람들이다. 두 집 사이에 담이 없어서 한집이나 마찬가지였다. 보미 엄마는 성아가 학교에 간 사이에 성아 할머니의 끼니를 챙겨주고

용태를 살펴주었다. 보미 아빠는 놀고 있는 성아네 땅을 갈아서 농작물을 심었다. 보미네는 성아네를 돌봐주면서 손해 볼 것 없는 이득을 취했다. 보미 엄마로서는 할머니의 정신이 말짱할 때가 더 많았기에 그리 힘든 일도 아니었다. 할머니는 주로 텔레비전을 보면서 하루를 보냈다. 할머니는 대개 비가 오는 날에 돌변했다. 가끔 밤이나 새벽에도 문제를 일으켰다. 어디론가 사라졌다가 정신이 들면 집으로 돌아오는 식이었다. 성아는 배불리 밥을 먹고 잠이 든 할머니의 얼굴을 확인하고 나서야 자기의 방으로 들어갔다. 비가 내리지 않아도 밤공기는 눅눅하게 내려앉았다.

푸른 잎사귀들이 기분 좋게 흔들리고 있었다. 지하 은밀한 곳으로부터 스며 나온 물살이 유리의 빛나는 육체를 잔잔히 휘어 감았다. 한때는 네로의 마음을 빼앗았던 네미 호수는 유리를 부드럽게, 때로는 힘 있게 적셔댔다. 유리는 거침없이 유영하였다. 격렬한 불꽃을 일으키던 태양이 기울자, 살짝 물에 잠긴 조약돌이 반짝거렸다. 밤이 되어 달빛이 흩뿌려지기 시작했다. 만년의 바람이 깎아 다듬은 반석, 그 위에 유리가 누웠다. 디자이너 키라도 함께 누웠다.

"나도 엄마처럼 살까봐."

"네가 나처럼 예술적 재능은 있고?"

"그게 아니란 말이지. 도대체 난 잘 하는 게 뭐야?"

"음, 몸매는 좀 되니까 나중에 내 피팅모델이나 하던가."

"아빤, 요새 좀 이상해."

"뭐가?"

"몰라. 그냥 이상해. 나, 엄마랑 살면 안 될까?"

"더 크면 와."

유리는 로마 근교에 있는 네미 호수가 마음에 들었지만, 추석 연휴 마지막 날에 맞추어 귀국했다.

유리의 아빠와 엄마는 유리가 유치원을 졸업할 때 이혼했다. 엄마는 이탈리아에서 여자친구와 함께 살았다. 유리는 명절이나 방학을 이용하여 엄마를 만날 수 있었다. 아빠는 명절을 서울 본가에서 지냈다. 아니면 출장을 가거나. 본가에는 새 여자와 그녀의 아이들이 있었다. 전에는 아빠 얼굴 보기도 쉽지 않았다. 아빠가, 유리가 다니는 고등학교 인근의 컨트리 클럽을 인수한 뒤로는 종종 만났다.

일행을 태운 카트는 1홀 티박스 옆에서 세워졌다. 1홀부터 롱홀이었다. 550미터가 넘는 긴 홀이 자욱한 안개로 가려져 페어웨이 전방이 30미터도 채 보이지 않았다. 심한 안개로 인해 회원들의 아침 부킹은 거의 취소된 상태였다. 이 회장은 이런 상황을 좋아했다. 평소에는 기분이 침체되었다가도, 어떤 위기를 만나면 도전의식이 발로했다. 그러면 기분이 한껏 고무되었다.

"아빠, 이런 날씨에 꼭 해야겠어?"

이렇게 말하면서도, 유리는 레이디 티박스에 서서 롱티에 볼을 가볍게 올려놓았다. 드라이버를 잡고 어드레스를 했다. 양손의 위치는 그녀의 왼쪽 허벅지 안쪽에 있었고 왼팔과 샤프트는 직선을 이루고 있었다. 유리의 어깨가 부드럽게 돌아갔다. 백스윙톱을 찍고 다운스윙을 그리면서 탁, 임팩트가 가해졌다. 유리의 몸은 타깃을 향해 드라이브 되고 있었지만, 머리는 여전히 볼 있던 곳을 향하고 있었다. 분명 오른쪽 어깨가 밑으로 떨어진 이미지였고, 체중도 왼쪽으로 확실히 이동한 느낌이었다. 그것은 지킬 것은 다 지키면서 몸 전체의 파워를 임팩트에 쏟아 붓고 있는 스윙이었다. 단 1.4초의 예술, 그것이 스윙이다. 쉬이잉, 볼이 스트라이드로 비구선을 그리며 안개 속으로 빨려 들어갔다.

"굿샷!"

"우리 딸, 폼은 선수급이야. 강 프로가 제대로 잘 가르쳤어."

"아빠, 나 골프선수나 할까? 박인비처럼 말야."

"니가 그런 근력이나 있어? 좀 하면 싫증이나 내면서."

회장과 유리가 정답게 대화를 나누고 있을 때, 영훈과 준석은 안개에 묻혀버린 골프공 2개를 찾으러 나섰다. 안개를 헤집고 다니는 청년들의 신발은 어느새 잔디에 내린 굵은 이슬 방울에 축축 젖어들었다. 설령 번개가 페어웨이에 내리쳐도, 갈 곳 몰라 주저하며 지치는 일은 영훈과 준석에겐 없었다. 시합을 대비하여 골프장 코스의 어떠한 상황에서도 대처해 나갈 수 있는 감각을 익히는 것이 중요했다. 강영훈 프로의 스폰서가 이 회장이다. 이 회장은 클럽800 연습생으로 있었던 강영훈을 발굴하여 줄곧 서포트를 해주었다. 잘 키워서 미국 PGA로 보낼 계획이다. 영훈이 데리고 온 준석도 세미프로가 되었다. 회장 부녀의 아웃코스 플레이는 계속 난조를 보이다가 인코스 11번 미들홀까지 이르렀다. 영훈은 이 회장이 샷을 날린 볼을 주시하고 있었다. 회장은 제대로 힘을 가했다고 생각했다. 느낌이 좋았다. 볼은 안개가 걷히기 시작한 페어웨이로 날아들었다. 날다가 방향을 돌렸다. 심한 슬라이스를 그리며 장외로 날아갔다.

"OB인가?"

회장이 영훈에게 물었다.

"그런 것 같습니다."

안개는 걷혔다. 볼을 찾으러 간 영훈과 준석이 돌아오지 않았다. 러프에서 헤매고 있는 모양이라고 이 회장은 생각했다.

"강 프로! 그냥 나와!"

회장이 소리치자, 영훈과 준석이 눈에 들어왔다. 영훈의 등에 웬 할머니가 업혀 있었다.

"무슨 일인가?"

"볼에 맞은 것 같습니다."

준석의 차가 YS병원 주차장으로 들어갔다. 의식을 잃은 할머니는 응급실로 옮겨졌다. 오른쪽 눈과 귀 사이의 두상에 타격의 흔적이 있었다. 출혈은 없었다. 영훈의 핸드폰이 울렸다. 유리였다.

"오빠, 어떻게 됐어?"
"아직 깨어나지 않았어."
클럽하우스 내의 회장실에 있는 이 회장은 기분이 찜찜했다. 컨트리클럽을 인수하여 친환경적, 친자연적 설계로 새 단장하고 오픈한 것이 2년여쯤 됐다. 행여 이 불상사가 골프장의 이미지 실추로 연결될 것이 염려스러웠다. 불상사의 중심에 골프장의 오너가 있다는 것이 알려져서는 안 될 일이다. 중국에 들어가 공격적 마케팅을 벌였던 의류사업과 건설사업은 순조롭지 않았다. 위기를 기회로 풀어낼 줄 알았던 이 회장은, 그러나 자꾸만 지쳐갔다. 나이 때문이라고 생각했다. 건강도 적신호를 보냈다. 결국 사업을 정리한 자금으로 클럽800을 인수했다. 이 사업은 골프를 치면서 건강도 챙길 수 있는 이점도 있었다. 전에는 오크C.C라는 이름의 골프장이었다. 흉흉한 소문 탓인지, 전국에 늘어난 골프장 수에 상반되는 골프 인구의 감소 탓인지, 운영난에 시달렸던 오크C.C의 사장은 이 회장이 제안한 입찰가를 받아들였다. 실상 흉흉한 소문이라고 해봤자 별것 아니었다. 골프장이 음기가 세서 남성 골퍼들이 라운딩 중에 부상을 잘 입는다든가, 귀신 우는 소리가 들린다든가, 이곳을 다녀간 남녀커플은 관계가 깨진다든가 하는, 말도 안 되는 루머들이었다. Y시의 경쟁 골프장에서 루머를 유포시켰을지도 모를 일이었다. 이 회장이 운영하는 내내 회원들의 큰 사고는 없었다. 각종 골프대회를 유치한 전략이 먹혀들어서 골프회원권 분양도 잘 마무리되었고, 내장객 수는 상승곡선을 그렸다. 주변에 러브호텔이 많아서 부부가 아닌 남녀커플이 많이 오기는 했다. 루머는 전혀 신경 쓸 일이 아니었다. 그는 혹시 모를 불미스러운 일에 대비하여 영훈과 준석에게 지시를 내렸다.
"만일 상황이 안 좋거든, 준석이 네가 한 것으로 해라."
티업 시간을 기다리는 고객들을 위해 만들어 놓은 연습그린은 관리가 잘 되어 있었다. 연습그린 위에서 몇 사람이 퍼터로 골프공을 토닥거렸다. 영훈은 골프공 세 개와 퍼터를 들고 연습그린으로 들어갔다. 그는 그린 위에 골프공 세 개를 떨어뜨려 롱퍼팅을 했다. 퍼터의 중심으로 볼의 중앙을 정확하게 쳐야 하는 것. 이것은 단순히 볼을 홀컵에 넣으려 하는 것보다 중요하다. 또한 퍼팅의 기본이기도 하였던바, 퍼터의 중심으로 볼의 중심을 치지 않으면 예상된 방향과 거리감이 모두 흐트러진다. 그것은 홀컵에서만 멀어지는 것이 아니라, 우승과도 멀어진다. 경기의 승패는 그린과의 승부에 달려있음은 자명하다. 영훈은 홀컵에서 볼을 꺼내고 있었다.

"퍼팅이 좋군. 퍼팅 시작부터 끝까지 오각형 각도가 잘 맞아떨어져. 역시 강 프로야! 흔들림이 없어."

준석이 느린 속도로 박수를 치며 다가왔다. 준석의 목소리는 빈정거리는 투였다.

"잠깐 나 좀 봐."

영훈은 주차장에 있는 준석의 차 안으로 들어갔다.

"그 할머니, 아직도 깨어나지 않았다며? 경찰에서 사고조사를 하러 오겠지. 영훈아, 잘 들어. 난 그 일과 아무런 관련이 없잖아. 그런데 왜 나여야 하지? 회장은 내게 돈을 제안했지만, 그게 뭐? 내 골프인생이 끝날 수도 있는데. 골프선수도 인기로 먹고사는 직업이잖아. 난 싫어. 만약 나를 연루시키면, 가만 안 있어. 그만, 내려. 나, 여기 뜬다."

준석은 가버렸다.

대기실 의자에 교복을 입은 성아가 앉아 있었다. 그 맞은편에는 골프 모자를 쓴 영훈이 서 있었다. 영훈은 고개를 푹 숙인 채로였다.

"심사연 환자 가족분들, 들어오세요!"

중환자실 간호사의 목소리였다. 성아는 중환자실 출입명찰을 목에 걸고 안으로 들어갔다. 영훈도 출입명찰을 목에 걸었다. 심사연 할머니는 그의 아들 곁으로 떠났다. 성아는 아빠 엄마의 합장묘 옆에 할머니를 모셨다.

“그렇게 며느리 탓을 하시더니 결국 며느리 옆으로 가시네….”

보미 엄마는 성아 몫까지 울었다.

대성면 성구리 주민들이 집결했다. <농민 죽인 클럽800은 떠나라>, <잘난 놈들은 딴 데 가서 놀아라>, <Y시는 누구를 위해 골프장사를 하나>, <경자유전(耕者有田), 농민이 농지를 소유하게 하라>라는 플래카드를 앞세운 주민 100여 명은 Y시 시청 청사를 향해 시가지를 행진했다. 주민들 뒤로 농악대가 뒤따랐다. 장구와 꽹과리 소리는 시가지 사람들의 주목을 끌어냈다. Y시에서는 좀처럼 보기 힘든 시위였다. 이를 취재하는 방송국 카메라와 기자들의 모습도 보였다. 성구리 주민들의 시위가 언론의 주목을 받은 것은, 골프공을 맞고 사람이 죽은 이번 사고가 우리나라에서의 첫 사례였기 때문이다. 시청 청사 앞에서 YBS 기자가 한 농민에게 인터뷰 요청을 했다. 농민은 보미 아빠였다.

“성아 할머니가 클럽800에서 날아온 골프공에 맞고 돌아가셨어요. 그 골프장 부지는 원래 농토였다니까요! 10년 전에 Y시가 주민들 소유의 농지를 강제수용한 거라구요. Y시가 이걸 헐값에 전 골프장 사장에게 넘겼지 뭡니까? 그때 시장이 고발된 상태에서 조사를 받다가 지병으로 사망하는 바람에 아무것도 해결된 것이 없었죠. 강제수용된 부지에는 성아 할머니네 사과밭이랑 우리 고구마밭도 있어요. 지금도 농민들 피해가 이만저만이 아니란 말이죠. 골프장 고독성 농약 살포로 농토가 죽어가고…, 골프장 새 주인이 골프장 이름을 클럽800으로 바꾸면서, 뭐라더라… 아, 친환경이라던가, 뭐 그런 것 때문에 골프장 주변 경관을 해친다고 전에 있던 차단막을 없애버렸어요. 대신 나무를 심긴 심었는데 그게 어디….”

이 회장은 화장실 변기에 앉은 채로, 스마트폰에 올라온 클럽800에 대한 기사를 읽고 있었다. <골프공의 최고속도는 보통 아마추어의 경우에는 시속 200km, 프로선수들의 경우에

는 시속 260km가 넘는다. 이 골프공이 무기가 되어 인명을 사망하게 한 사고가 Y시의 한 컨트리클럽에서 발생했다. 클럽800 소속의 강영훈 프로가 11번 미들홀에서 티샷한 볼이 골프장 밖으로 날아가 인근 주민 심사연 할머니의….> 이 회장은 변기 레버를 내렸다. 신경성 탓인지 근래에 설사가 잦았다. 침대에 눕기 전에 수면제 한 알을 목으로 넘겼다.

유리는 황금의 문을 밀고 나왔다. 황금의 문은 피렌체의 산조반니 세례당 동쪽에 설치된 기베르티 제작의 '천국의 문'을 모조하여 만든, 클럽하우스의 현관문을 일컬었다. 황금의 문을 힐끔 쳐다보고는 BMW 자동차로 향했다. 걸으면서, 어쩌면 아빠는 엄마를 아직도 사랑하고 있을지도 모른다는 생각이 문득 들었다. 언젠가 아빠의 서재에서 우연히 발견한 사진 한 장이 떠올랐다. 피렌체의 천국의 문 앞에서 다정하게 팔짱을 끼고 있는 아빠와 엄마의 젊은 시절의 모습이었다. 신혼여행 사진이었을지도 모른다. 유리는 자기도 함께한 가족사진이 하나도 남아있지 않다는 사실이 씁쓸했다. 자동차는 골프장 진입로를 타고 내려갔다. 자동차 뒷창문을 통하여 클럽하우스 전경이 보였다. 클럽하우스는 유럽의 지체 높은 가문의 성처럼 이국적인 아름다움을 자랑했다. 아빠는 잠자는 공주처럼 그 성의 꼭대기에 갇혀 있다, 고 유리는 생각했다. 아빠는 성아네 할머니 사망문제에 대해 보험처리와 법적 처리에 자신감을 보였다. 승률 높다는 변호사도 고용했다. 벌금과 손해배상비만 내면 다 해결된다고 아빠는 말했다. 그러면서도 아빠는 수면제에 취해 아침 늦게까지 잠을 자는 것 같았다. 유리는 아빠를 위해서라면 영훈의 일을 잊을 수 있다고 생각했다.

"아저씨, 좌회전 해주세요."

"수능 보는 학교는 직진인데요."

"알아요. 갈 데가 있어요."

알람시계가 울렸다. 그냥 눌러버렸다. 핸드폰에서도 알람

소리가 울렸다. 꺼버렸다.

"성아야, 일어났니? 일어나서 밥 먹어! 그래야 시험 잘 보지!"

보미 엄마의 목소리였다. 일어나고 싶지 않았다.

"성아야! 성아야! 무슨 일 있니?"

애가 탄 목소리가 문밖에서 들렸다.

"보미 아빠! 보미 아빠! 와서 성아 방 문 좀 부숴! 아무래도 이상해!"

성아는 더 난리가 나기 전에 잠자리에서 일어나 방문을 열었다. 보미 엄마는 가슴을 쓸어내렸다.

집을 나섰다. 집 앞 공터에 BMW 자동차가 세워져 있었다.

"성아야, 타!"

문이 열리면서 유리의 얼굴이 보였다.

"네가 왜?"

뒷좌석에 앉아 있던 유리는 동작 빠르게 차에서 내려 성아의 가방을 잡아당겼다. 성아는 질질 끌려들어 갔다. 성아는 유리가 클럽800 소유주의 딸이라는 것을 얼마 전에야 알았다. 지금은 같은 반이 아니었다. 유리는 성아와 친한 아이에게 성아네 집 위치를 카톡으로 물어 알아냈다.

"시험 준비는 많이 했어?"

"그냥."

성아는 말을 섞고 싶지 않았다. 자동차는 수능시험을 치르는 학교 근처에서 세워졌다. 이미 학교 주변은 북새통을 이루었다.

"시험 잘 봐."

성아가 차에서 내릴 때 유리가 말했다.

"넌?"

유리는 뒷좌석에 그대로 앉아 있었다.

"난 시험 안 봐. 여기서 대학 다닐 것도 아닌데 뭐. 이탈리아로 갈 거야. 거기 엄마 있어."

성아는 납득한다는 표정을 지었다. 유리는 학교로 들어가는 성아의 뒷모습을 바라보았다. 커튼과 커튼 사이로 햇살이 비쳤다. 벽시계는 11시 5분을 지나고 있었다. 이 회장은 침대에서 내려와 창문으로 다가갔다. 커튼을 젖혔다. 하늘은 맑았고 세상은 환했다. 1층 로비로 내려갔다. 아무도 없었다. 황금의 문을 밀고 나갔다. 밤새 눈이 내려 온 세상을 하얗게 덮었다. 푸릇한 잔디가 다 묻혔다. 벙커도 묻혀서 보이지 않았다. 카트가 다니는 길도 흔적이 없었다. 바람은 차지 않았다. 상쾌했다. 클럽800 안에는 사람들이 없었다. 휴장일이다. 클럽800은 긴 휴장기를 보내고 있었다. 이 회장은 골프장 총지배인과 변호사가 강영훈 프로의 법적인 문제를 잘 처리할 것임을 의심하지 않았다. 일이 마무리되면 미국 PGA 데뷔를 시키도록 위임하였다. 업무상 과실치사보다는 과실치사로 처리하는 것이 낫다는 판단에서 강영훈 프로를 끌어들였던 것인데, 그 부분과는 별개로 골프장의 이미지는 순식간에 떨어졌다. 주변 농민들의 시위로 한동안 시끄러웠고, 그 바람에 클럽800이 환경단체의 목표물이 되었다. 골프장 안전설치 미비에 대한 업무상 과실 문제도 불거졌다. 무엇보다 급격히 내장객수가 감소했다. 골퍼들은 매스컴과 골프잡지를 통해 기사를 접했다. 회장은 제설작업이 되어 있지 않은 하얀 페어웨이를 걸었다. 유리는 떠나고 없었다. 오래전 그녀가 떠나 돌아오지 않았듯이, 유리도 그녀처럼 돌아오지 않을 것이라고 회장은 생각했다. 다 관두고 그녀들 곁으로 날아가고 싶다는 생각이 들었다. 그러나 그러기엔 늦었다. 회장은 수면제가 없으면 잠을 이루지 못했다. 중국에서 사업부진을 겪을 때 생긴 우울증이 다시 도졌다. 회장은 부친이 키운 회사들을 와해시킨 장본인이었다. 그는 위기를 기회로 풀었다가도 다시 위기에 함몰되고는 했다. 더는 버틸 힘이 없었다. 눈 위로 발자국이 뒤따랐다. 워터 해저드가 보였다.

눈이 깊지는 않았다. 걸을 만했다. 성아는 언덕바지로 올라

갔다. 선산도 하얀 눈에 뒤덮여 있었다. 두 무덤 중에 어디로 먼저 가서 인사를 해야 할지 잠시 망설여졌다. 오늘은 자기의 생일이니까 엄마 아빠에게 먼저 가는 것이 타당하다는 생각이 들었다. 엄마 아빠의 묘 앞에서 술을 따랐다. 다음에는 할머니의 묘로 갔다. 바람은 차지 않았다. 무덤 위에 덮인 하얀 눈이 겨울 햇살에 반짝였다. 성아는 산을 내려가기 시작했다. 언덕 아래로 클럽800이 한 눈에 들어왔다. 한 사람이 하얀 페어웨이를 걷는 것이 보였다. 그는 인공 연못 앞에서 멈췄다. 연못도 눈으로 하얗게 덮여 있었다. 그 사람이 연못으로 들어갔다. 물이 얼었는지 그 위를 걷는 듯했다. 성아는 뭔가 이상했다. 연못에서 인부가 작업하는 것으로는 보이지 않았다. 성아는 소리쳤다.

"위험해요! 나오세요!"

목소리가 그 사람에게 전달될 것 같지는 않았다. 그 사람이 연못 중앙으로 계속 걷고 있었다. 성아는 핸드폰을 들었다.

"거기 119죠…."

얼음이 깨지면서 그 사람이 사라졌다.

박하사탕 운발運發

현정원 khyunjw44@hanmail.net

선수의 이름을 외치는 사회자의 긴장된 목소리가 예배당에 울려 퍼졌다. 관중석에서는 박수소리와 함성이 파도처럼 아니, 해일처럼 출렁이고 있었다. 내가 시합을 하는 것도 아닌데 손에서 땀이 났다. 체한 것처럼 속이 울렁거렸다. 껌이라도 있으면 싶어 바지 주머니를 뒤졌다. 박하사탕이 손에 잡혔다. 사탕을 꺼내 입에 넣고 어금니로 지그시 부수었다. 이빨에 찐득하게 달라붙던 사탕이 녹으며 입 안 가득 침이 고였다. 침을 꿀꺽 삼켰다. 불안한 마음이 조금 가시는 것 같았다. 무대 위에서는 어느새, 찬이와 3포대 이준범 이병이 팔씨름 받침대로 사용할 강대상을 사이에 두고 마주 서 있었다. 두 사람 다 얼굴이 굳어 있었지만 신경전을 벌이는 것 같지는 않았다.

크리스마스를 맞아 예배당에서 포대 내 포대대항이 열리는 중이었다. 종목은 모두 셋, 개인 우승자에게는 3박4일의 포상이, 종합우승 포대에는 푸짐한 먹을거리가 주어지는 연례 행사였다. 첫 시합은 팔씨름, 오른손잡이의 팔씨름은 이미 2포대 씨름선수 출신 노강석 상병의 우승으로 싱겁게 끝나 있었다. 아쉬움은 없었다. 우리 포대엔 한때 보디빌딩을 했다는 왼손잡이 조찬이 일병이 버티고 있었다. 상대는 3포대의 체육대학을 휴학하고 입대한 이준범 이병이었다.

호루라기가 울렸다. 이를 악문 두 사람의 얼굴이 일그러지며 손 뭉치가 이쪽저쪽으로 오가기 시작했다. 오가던 손 뭉치가 한쪽으로 기운 건 1분이 지날 즈음이었다.

"그래, 그거야. 조금만 더, 조금만 더."

찢어질 듯 높은 상혁의 응원소리에 힘을 받았는지 찬이의 입술 끝이 올라갔다. 그리고는 쾅! 순간적으로 소리가 사라졌다. 예배당 안에서 움직이는 것은 먼지와 황망하게 흔들리는 찬이의 커다란 눈동자뿐이었다. 강대상 한쪽이 완전히 빠개져버린 것이었다.

모두의 시선이 군종목사를 향했다. 목사는 괜찮으니 계속 진행하라며 위 아래로 손을 흔들어 보였다. 얼굴이 붉어진 사회자가 허둥대며 말했다.

"굉장합니다. 왼손잡이 우승자 조찬이 일병에게 박수를 보냅시다."

다시 와 하는 함성이 들렸다. 그제야 찬이의 눈이 자부심으로 반짝이기 시작했다. '운발 좋은 녀석' 나는 혼잣말처럼 중얼거렸다. 하지만 팔씨름 우승까지 운발이라 말할 수는 없었다. 그렇다면 강대상은? 성물에 속하는 물건을 부수어도 이해받는 것, 그건 운발이지 않을까?

두 번째 시합은 장기자랑이었다. 우리 포대에서는 상혁이 나서 기타로 'Let it go'를 연주했다. 평소의 껄렁한 이미지와는 180도 다른, 샘이 날 정도로 멋진 포스였지만 3포대 밴드에게 지고 말았다. 고막을 터뜨릴 듯 힘찬 사운드와 자연스런 랩, 자유로운 춤판에는 당할 수 없었던 것이다. 이렇게 되면 종합우승은 예신 없이 치리길 박히사탕 입에 많이 넣기로 가려질 판이었다. 테이블과 사탕접시를 준비하는 사이 장기자랑 우승자인 3포대 밴드가 앙코르 송을 연주했다. 덤으로 '진짜 사나이'를 연주할 때는 예배당 지붕마저 무너트릴 기세였다.

조찬이와 나, 그리고 김상혁은 본부 포대에 같은 날 전입했다. 동기들은 한 생활관을 쓰게 하는 것이 포대 방침이었던 까닭에 우리 셋은 그날부터 거의 모든 생활을 함께 했다. 관물대도 잠자리도 바로 옆이었다. 사격지시병인 조찬이와 무전병인 나는 아예 일하는 벙커까지 같았다. 우리 셋은 쉽게 친해졌다. 포대원들이 원래 아는 사이였냐고 물을 정도였다. 생각해보면 신기한 일이었다. 우리 셋은 달라도 너무 달랐기 때문이다. 우선 나이나 생활환경이 그랬다. 서울 S대 대학원에서 수학을 공부하다 왔다는 찬이, 수업은 뒷전이고 아르바이트 하느라 이름뿐인 대학생 나, 그리고 고등학교 졸업 후 측량 보조기사로 일하다 온 상혁과는 6년이나 나이 차가 났다. 체형도 키 작고 왜소한 나와 달리, 찬이는 근육질 씨름선수같이 우람했고 상혁은 모델처럼 늘씬했다. 외모도 많이 달랐다. 찬이가 유비를 연상시키는 동양풍 훈남이라면 상혁은 레오나르도 디카프리오를 자처하는 서구형 미남이었고 나는 평범한 얼굴에 입만 큰 개구리형이었다. 입 큰 개구리는 어렸을 때 나의 별명이기도 하다. 내 입이 상대적으로 커 보이는 것은 얼굴과 눈, 코가 워낙 작아서인지도 모른다. 어쨌든 두 녀석에 비해 내 외모가 엄청 처지는 것만은 사실이다. 하지만 찬이나 상혁에게도 약점은 있었다.

찬이는 이상하다 싶을 정도로 목소리가 작았다. 작기만 해도 괜찮았을 텐데 반응마저 굼떴다. 찬이에게서 무슨 말을 들으려면 인내심이 필요했다. 게다가 찬이는 단순하고 맹렬했다. 아마도 찬이가 제일 싫어하는 말은 상혁의 입에서 가끔 튀어나오는 '제발, 대충 좀 하자' 일 것이다. 반면 상혁은 말이 재빠르고 여자처럼 목소리가 높았다. 눈치가 없다 싶게 아무 때나 나서는가 하면 시도 때도 없이 노래를 불렀다. 원칙주의자 찬이가 느리고 어눌하게 사람들을 성가시게 했다면 평화주의자 상혁은 촉새처럼 까불까불 일을 만들었다. 점차 생활관에서 찬이와 상혁은 물론, 나까지 따돌림을 당했다. 나로서는 억울한 일이었지만 그렇다고 변명하고 싶지도 않았다. 불만이 있어도 속으로만 투덜댈 뿐 시시비비를 가리고 싶지 않았다. 전형적인 귀차니스트였다.

그런데 그렇게 살아온 내가 요즘 들어 부쩍 불끈거리고 있다. 나와는 달라도 너무 다른 녀석들과 생활하려니 부대끼는 것도 당연했다. 그보다 나를 애태우는 것은 유독 녀석들에게만 들러붙는 운발이었다. 아무리 운에 맡긴다 해도 한끝 차이로 포상 휴가를 놓치고 나면 억울할 것 같았다. 행운은 늘 내 편이 아니었다. 한 달 전 중대평가를 받을 때만 해도 그랬다. 중대평가 첫 임무는 두 사람이 한 조가 되어 자신들이 사용할 참호를 파는 것이었다. 손준모 이병과 한 조가 된 나는 평소와 다르게 열심히 삽질을 했다. 그리고 점심시간이 되자마자 배낭에서 전투식량을 꺼내들고 손이병과 함께 구덩이를 빠져나왔다. 옆 참호에는 찬이와 상혁이 있었다.

"야, 점심 같이 먹자. 빨리 나와."

"가긴 어딜 가. 여기서 먹어야지."

내 말을 무시한 찬이는 그대로 참호바닥에 털퍼덕 주저앉았다.

"여기서 먹는다고? 찬이야, 제발. 밥만큼은 편하게 먹자."

찬이는 막무가내였다. 이미 발열팩을 뜯고 있었다.

"지금 전쟁 상황을 가정하고 훈련하는 거 아냐? 참호를 벗어나는 순간 어디서 총알이 날아들지 모르는 거라고."

찬이다운 주장에 상혁이 졌다는 듯 어깨를 으쓱했다.

"유하야, 너 들었지? 누가 찬이를 말리겠냐. 우리는 내버려두고 너나 준모랑 가서 편하게 먹어."

그리고 며칠 후였다. 찬이와 상혁에게 3박4일 포상휴가가 내렸다는 소문이 돌았다. 두 사람의 '임전태세'가 윗사람에게 보고된 후였다. 둘이 참호에 앉아 밥을 먹고 있는데 누군가 다가와 사진을 찍어 보고를 한 모양이었다. 축하를 하면서도 한편 씁쓸했다.

그날 밤, 상혁이 찬이에게 PX에 가자고 했다. 덕분에 휴가를 받았으니 한턱 쏘겠다는 것이었다. 나도 따라나섰다. 찬이가 PX에서 집어든 것은 놀랍게도 박하사탕이었다.

"박하사탕만 보면 할머니가 생각이 나. 할머니가 박하사탕을 굉장히 좋아하셨거든. 유리병에 담아 식탁 위에 놓아두시곤 했는데 절대 사탕을 떨어트리는 일이 없었어. 아버지가 재혼하던 날이었나 봐. 열 살 연하의 여자와 결혼하는 게 무슨 자랑이라고, 결혼식을 호텔에서 하는지. 친엄마는 초등학교 3학년 때 돌아가셨거든. 집에 돌아와 내 방 침대에 누워 있는데 할머니가 방문을 두드리는 거야. 겨우 일어나 문을 열었지. 할머니가 나를 꼬옥 안아 주시더니 박하사탕을 입에 넣어주시는 거야. 울컥했지. 오드득 오드득 소리가 나도록 박하사탕을 깨물어 먹었어. 기분이 조금씩 나아지더군. 마음속의 뭔가가 박하향과 함께 날아가 버리는 느낌이라고 할까. 그날 할머니가 드실 박하사탕을 반은 먹어 치웠어."

상혁은 이미 찬이의 손에서 봉지를 가로채 박하사탕을 입에 넣고 있었다. 찬이가 사탕 한 줌을 내게 건넸다.

"너 요즘 고민 있지? 골치가 아프다 싶을 땐 너도 박하사탕 먹어봐. 정말 괜찮아진다니까. 박하사탕은 저절로 깨물게 되잖아. 몇 번만 씹으면 어금니에 쩍 달라붙어 금방 녹아버린다고. 나는 고민도 박하사탕 식으로 해결해. 어금니로 사탕을 부서뜨리듯 고민도 부수어버리는 거지. 진짜 중요한 원칙만 남기는 거야. 말하자면 단순화. 그리곤 무조건 밀고나가는 거야."

찬이가 알듯 모를 듯한 말로 아는 척을 했다. 그 며칠 전, 엄마와 전화하는 것을 엿들었는지도 모른다. 의붓아버지가 현장 작업을 하다 포크레인에 발꿈치 뼈가 부서졌지만 걱정하지 말라는 내용의 전화였다. 발꿈치 뼈라면 쉽게 회복되지 않을 것이었다. 의붓아버지마저 집에 없으면 녹내장으로 시력을 거의 잃은 엄마를 돌봐 줄 사람이 없었다. 식사는 제대로 하고 계신지? 의붓아버지는 아버지대로 문병 와주는 사람도 없이 혼자 돈 걱정을 하고 있을 테고. 나는 말없이 박하사탕 하나를 입에 넣고 씹었다. 와드득 와드득. 찬이 말대로 박하사탕은 쉽게 부스러졌다. 동병상련이라고나 할까. 마음이 조금 편해졌다. 나는 아예 손에 남은 박하사탕을 한꺼번에 입에 넣고 씹었다.

두 주전 토요일, 점심을 먹고 쉬고 있을 때였다. 불쑥 찾아온 이문기 병장이 생활관 안을 휘둘러보며 말했다.

"조찬이, 김상혁, 이유하. 오늘 너희 셋 이발병으로 자원한 김상병 한테 가서 머리 좀 잘라주면 좋겠는데…."

중대평가 때의 운발 소외감 때문일까. 아니면 이병장의 말투 때문이었을까. 부탁인지 명령인지 모를 일에 내가 치고 나섰다.

"이유하, 머리 자른 지 얼마 되지 않았습니다."

"그럼, 조찬이, 김상혁. 너희 둘만이라도 가. 알았지?"

나만 빠져나온 것이 떨떠름하면서도 기분이 좋았다.

"괜찮냐?"

찬이의 어깨를 감싸 안으며 내가 물었다.

"괜찮다 뿐이야. 누군가의 인생에 마수걸이가 된다는 거 의미 있는 일이라고."

상혁도 질세라 끼어들었다.

"나도 찬이에게 한 표. 사실 내 머리칼 무척 빨리 자라거든."

녀석들 곧 죽어도 잘난 척은. 나는 속으로 우쭐거리며 녀석들을 따라갔다.

김상병의 솜씨는 예상대로였다. 게다가 찬이의 머리칼은 돼지털처럼 뻣뻣했다.

"이제 앞머리 자를 건데 원하는 스타일 있어?"

"그냥 밀어 주십시오."

"왜? 이 정도면 괜찮지 않아?"

"아닙니다. 그냥 빡빡 밀어주십시오."

두 사람의 표정과 행동이 개그콘서트 뺨치고 있었다. 나는 속으로 낄낄댔다. 상혁은 아예 처음부터 밀어달라고 했다. 김 상병과 헤어져 셋이 생활관을 향해 걸어갈 때였다. 까까머리로 변신한 머리통을 쓰다듬으며 장난치고 있는데 어디선가 우리를 부르는 소리가 들렸다. 뒤돌아보니 주차장 입구에서 포대장이 누군가 얘기를 하다 말고 손짓으로 우리를 불러 세웠다. 뛰어가 차렷 자세로 돌격을 외치며 거수경례를 올려붙였다. 포대장 옆에 선 사람은 왜소한 체격과 까무잡잡한 피부가 군인보다는 농부나 어부를 연상시키는 대위였다.

"이야, 헤어 모범이 여기들 있었군. 요즘 기강이 해이해진 것 같아 혼쭐을 내야겠다 싶었는데, 자네들 맘에 들었어. 이제 그만 가 봐."

대위에게 경례를 하고 생활관을 향해 두세 걸음 걸었을 때였다. 두 사람에게 포상해, 일벌백계가 아니라 일상백계의 의미로 말이지, 하는 믿어지지 않는 말이 뒤통수를 타고 들려왔다. 찬이와 상혁의 눈도 휘둥그레 커지고 있었다. 나는 배를 감싸 쥐었다. 정말 배가 아팠다. 성공이라 여겼던 것이 반의 반나절 만에 참혹한 실패로 뒤바뀌었으니 절망할 수밖에. 도대체 행운의 여신은 찬이가 믿는다는 하나님은 왜 번번이 나만 쏙 빼놓는 건지 알다가도 모를 일이었다. 하늘에서는 귀차니스트 허무주의자보다는 멀쩡꾸러기 원칙주의자나 평화주의자가 예뻐 보이는 걸까. 그래도 그렇지, 여기는 군대이지 않은가. 상을 주려면 전투능력이나 군인정신 같은 것으로 줘야 했다. 임전태세도 아니고 헤어모범은 정말 말도 안 됐다. 나는 억세게 운발 좋은 녀석들 앞에서 내 것을 빼앗긴 것도 아닌데 속이 쓰렸다.

사회자가 도전자들 다 앞으로 나오라며 목소리를 높이고 있었다. 여기저기에서 소란이 일며 지원자들이 하나 둘 앞으로 나갔다.

"이유하 안 나가고 뭐해."

선임, 동기들이 빨리 나가라며 채근했다. 모두들 내 입만 보고 있었다. 귀찮았다. 화도 났다. 시합에 나갈 마음이 전혀 없었다. 전투 능력도 아니고 군인 정신도 아니고 힘도 예능도 아닌 입 크기로 상을 주다니. 그런 놀림감이 돼준 대가로서의 포상은 받고 싶지 않았다. 나는 못 들은 척, 앞만 바라봤다. 그런데 속이 문제였다. 가라앉았다 싶었던 속이 다시 요동치기 시작했다. 이제는 심장까지 쿵쾅댔다. 멀리서 찬이가 내 이름을 부르는 소리가 들렸다. 상혁도 손을 크게 저어댔다. 나는 아예 눈을 감아버렸다. '이 바보야, 일어나, 일어나라고. 이런 기회가 또 올 줄 알아? 설마 너 이 마당에 군인정신입네 뭐네 따지고 있는 건 아니겠지? 야, 니가 언제부터 원칙 따져가며 살았어. 니 가정형편 생각해 봤어. 눈 먼 엄마, 발꿈치가 부서진 의붓아버지…. 일어나, 어서 일어나라니까. 이건 어엿한 포상이 달린 시합이야. 이기길 바라는 게임이라고. 그리고 설사 놀림을 당한다 한들 어때. 니 한 몸 망가져 모두가 즐거울 수 있다면 그거야말로 전우애 아냐? 니가 말하는 군인 정신 아니냐고? 가볍게, 단순하게 생각해.' 싫어, 싫다니까. 나는 내 귀를 울려대는 소리를 떨쳐 낼 기세로 고개를 세게 저으며 벌떡 일어났다. 갑자기 와하는 소리와 함께 주변에서 박수소리가 터져 나왔다. 앗, 그게 아닌데…. 순간, 이렇게까지 됐으니 어쩔 수 없다는 생각이 들었다. 나는 천천히 무대로 걸어 나갔다.

사회자가 20명 남짓한 선수들을 강대상 앞에 세워놓고 한 사람씩 소개했다. 입을 다문 채 앞만 보고 있는 사람은 나뿐, 이름과 소속이 불리어질 때마다 선수들은 곧 세리머니를 하듯 익살스런 포즈를 취했다. 소속 포대원들은 일어나 박수를 치며 선수이름과 포대를 외쳐댔다. 더러는 휘파람을 불기도 했다. 맹렬한 응원전이 이어졌다. 창문이 부르르 떨고 천장에 매달아 놓은 장식들이 금방이라도 떨어질 듯 위태롭게 흔들렸다. 문득 내가 원형경기장의 글레디에이터가 된 듯한, 수많은 군사들의 환호성 속에 일대일 결전을 준비하는 장군이 된 것 같은 착각이 들었다. 갑자기 승부욕이 생겼다. 준비운동 삼아 아래턱을 떨어뜨린 채 앞뒤좌우로 돌렸다. 하품을 하듯 입을 크게 벌리고 입천장을 한껏 들어올렸다.

사회자가 조용히 하라며 마이크를 손바닥으로 쳤다. 쿵쿵 쿵쿵 찌잉 날카로우면서도 묵직한 굉음이 예배당을 휘감으며 내 귀를 후벼 팠다. 또다시 속이 거북하면서 뭔가 목구멍을 치밀고 올라왔다. 크게 심호흡을 했다. 삐이익! 호르라기가 울림과 동시에 모두 접시 위에 놓인 하얀 박하사탕을 입에 넣기 시작했다. 찬이가 준 것 같은 낱개 포장의 동그란 모양이 아닌 마름모꼴이었다. 나도 입안 깊숙이 차곡차곡 박하사탕을 채워갔다. 관중석 여기저기에서 함성소리가 들렸다. 박하사탕을 입에 문 선수들이 나를 쳐다봤다. 피 맛이, 피 냄새가, 입과 코에서 느껴졌다. 피식 웃음이 나왔다. 지금의 이 충동적인 독기도 군인정신일까 하는 의문이 들어서였다. 하기는 군대가 아니었다면 박하사탕을 입에 피가 날 정도로 많이 쳐 넣을 일은 없을 것이다. 사회자가 내 쪽으로 다가오고 있었다. 이제 3박4일의 포상은 내 거라는 생각이 들었다. 나는 찬이 쪽을 바라보며 박하사탕을 입에 하나 더 넣었다.

편집후기

가슴을 먹먹하게 하고 머릿속을 헤집어 놓는 갖가지 사연들을 모아 또 다른 나를 만들었습니다. 정성을 다했지만 어쩐지 부족해 보여 안타까운 마음도 듭니다. 다행히 동무들이 어깨동무를 해주어 힘을 냅니다. 까다로운 주문에도 예쁜 동무들을 척척 지어낸 문우들의 손길에 감탄하며 더욱 정진할 것을 기약해봅니다

사무국장 이병숙

"행복하고 싶다면, 행복한 사람 옆으로 가라."
누군가 말하더군요.
문학과 사랑!
여기가 바로 그런 곳입니다.

회계 석성득

서둘러 봄을 앓는다. 어제와 다른 오늘을 앓는다.
문을 열면 선명하게 보이던 많은 것들이 모두 빛에 반사돼 세상이 하얗게 바래버린 초봄. 필요한 시간 만큼 앓고 나서야 진정한 계절의 모습을 본다. 백지는 그려지는 대로 꿈이 된다. 볼 때마다 달라지는 작품을 끌어안고 끙끙대며 고민했을 모습들을 그려 본다. 나에겐 영원한 미완의 작품일지라도 누군가에게는 희망이 될 수도 있는.
모두가 하나가 되어야만 엮어낼 수 있는 동인지. 애증이다.

시 분과장 윤은진

자기의 이름으로 써 낸 글을 마주 할 때, 두렵지만 선명해지는 이미지와 만납니다. 무의식의 바다에 숨어있던 기억들을 건져 올려 세상 밖으로 마음 속 닻을 내리기까지, 내면의 바다에서 흔들리며 뒤척였던 시간들…. 봄날 멀미를 잘 견뎌 낸 문우님들께 고마움을 전합니다.

수필 분과장 노기화

바람이 불때마다 연분홍 철쭉 꽃잎들이 사륵사륵 땅에 떨어진다.
나이 들수록 지는 꽃잎은 아쉬움으로 다가오는데 나랑 같이 있던 일곱 살 아이, 공부하다 말고 까르르 웃으며 조른다.
"선생님, 꽃눈 맞을래요. 그거 사진 찍어주세요. 참 예쁠 거 같아요."
순간 그 아이의 말이 화사한 꽃향기로 다가왔다.
뒷일을 짐작하고 생각하는 버릇은 내려놓자. 사물이나 현상을 대할 때도 덧붙는 감정 또한 내려놓자. 순수한 아이의 마음으로 순간을 온전히 즐기리라. 그런 마음으로 동인지 원고를 한 장 한 장 넘겼다.

아동문학 분과장 조계향

열한 번째의 차림표를 들여다본다.
오감을 자극하는 시, 가슴을 데우는 수필, 밑줄 긋는 소설,
글을 버무린 사람들의 개성만큼이나 각기 다른 맛과 향이 난다.
글쟁이에겐 우수마발牛溲馬勃이 모두 먹잇감이다.
그런데도 허기가 느껴지는 것은 왜일까?

소설 분과장 정이수

동서문학 - 새들도 누군가의 담을 넘는다

초판 발행일 | 2015년 5월 30일

지은이 | 강미애 外
펴낸이 | 김미희
펴낸곳 | 몽트

출판등록 2012. 12. 20 제2014-000038호

주소 | 경기 안산시 상록구 사동 1361-7 1층
전화 | 031-501-2322 팩스 | 031-501-2321
이메일 | memento33@hanmail.net

값13,000원

ISBN 978 89 6989 015 3

「이 도서의 국립중앙도서관 출판예정도서목록(CIP)은 서지정보유통지원시스템 홈페이지(http://seoji.nl.go.kr)와 국가자료공동목록시스템(http://www.nl.go.kr/kolisnet)에서 이용하실 수 있습니다.(CIP제어번호: CIP2015013938)」

동서문학회